「やりがい」のない仕事はやめていい。

天職探しカウンセラー

中越裕史

SOGO HOREI PUBLISHING CO., LTD

はじめに

はじめまして、中越裕史です。僕は天職探しを専門とするカウンセラーをしています。

本書では、あなたにとっての天職を見つけ、本当に大好きなことを仕事にするための方法を解説します。

「やりがいのない仕事だけれど、我慢している」
「好きなことを仕事にしたいけれど、やっていく自信がない」
「むりやり数字をつくる会社のやり方に疑問を感じている」
「早朝から深夜まで働き詰めで、体力の限界を感じる」
「自分が、本当は何がしたいのかがわからない」

あなたはこんな気持ちを抱いていませんか？　僕のクライアントの多くは、このような悩みを抱え相談にこられます。今の仕事や職場に疑問を感じながらも、日々の忙しさや迷いで行動を起こせないのです。

もうずいぶん前ですが、僕が会社をやめたときのことをはっきり覚えています。上司にやめると報告をした後、すごくスッキリした気分になりました。

それは決して、長時間労働からの解放感ではありません。僕は会社をやめるといった瞬間、「やっと自分の気持ちに正直な選択ができた」と思えたのです。

会社員時代は短期間で数度の転職を繰り返し、散々悩み迷ったうえでカウンセラーとして独立しましたが、カウンセラーになり会社をやめると決めるまでにも、迷いの連続でした。

「次の仕事が決まっていないのにやめてどうするの？」

「この歳になって、まだ夢みたいなことをいっているの？」

「みんな我慢しているのよ。忍耐が足りないんじゃない？」

周囲からそんな目を向けられる気がして、なかなかやめる勇気が持てない。「やめたい」という気持ちはあるものの、ダラダラと会社員を続けていました。

「自分の天職を探したい」、「好きなことを仕事にしたい」という自分の本当の気持ちに正面から向き合わずに転職しても、新しい会社でまた同じように悩みを抱えてしまいます。

だからこそ、しっかりと自分と向き合って考えること、そして「やりがい」の感じられない今の会社を適切なタイミングでやめることが大切です。

それができれば、好きなことで生きていく自信がない人、周囲の声が気になって一歩踏み出せない人も、後悔しない、本当に幸せになれる仕事を手にすることができるようになります。

この本は決して、安易に仕事をやめてもいいという本ではありません。

でも、仕事をやめることは悪いことではありません。

問題の本質は、やめることをきっかけに、自分の生き方、働き方を見つめ直すことができるかどうかです。

あなたが「自分の天職を見つけ、大好きなことを仕事にする」ための、はじめの一歩を踏み出すきっかけになればと思い執筆しました。

今の仕事にモヤモヤを抱えている人は、是非読んでみてください。

中越裕史

もくじ

第1章 あなたが「本当にやりたい仕事」ってなに？

第2章 本当に大好きな仕事の見つけ方

第3章

大好きな仕事に一歩踏み出す方法

第4章

大好きな仕事で生きていく

才能を開花させる方法

なぜ、好きなことを見つけたいのか？

第 1 章

あなたが「本当にやりたい仕事」ってなに？

あなたを幸せにする仕事ってなに？

仕事とは「幸せになるため」のもの

「すべての人は幸福になることを求めている。そこに例外はない。
用いる手段がどれほど違っていても、みなこの目標に向かっている」

これは、哲学者であり数学者でもあるパスカルの言葉です。僕たちは生きている限り、幸福を追い求めます。みんな方向性は違っても、最終的には「幸せになるため」に行動します。働くことにも、これと同じことがいえます。

「お金のため」や「世間体」など働く理由は、人それぞれです。でも、それらは、突き詰めて考えると「幸せになるため」のもの。つまり、僕たちは、幸せになるための手段として、仕事をしているのです。それにもかかわらず、「働くこと＝幸せになるための手段」で苦痛を感じ、不幸になってしまう。

「この先ずっと、この仕事をやり続けても、幸せになれるとは思えない」

あなたも心のどこかで、そんな気持ちでいるのではないでしょうか？

そしてその一方で、

「ネガティブな理由で仕事をやめてしまったら、逃げていることになるのではないか。弱い人間だと思われるのではないか。そう思うとやめる決断ができない……」

という思いなのではないですか？


幸せになる手段の仕事で、いつの間にか自分を追いつめ、苦しくなってしまう。

そんなときは、根本に立ちかえり、「今の仕事で、自分は幸せになれるかどうか」を考えて欲しいのです。


パスカルのいうように、人間は幸せを求める生きもの。

仕事をするのは、幸せになるためです。

だから、働くことで必要以上に自分を追い込まなくていい。

自分を犠牲にして仕事をしても、幸せにはなれないのだから。

どうしても、仕事が辛いとき。一度ゆっくり考えてみてください。もし、「今の仕事で幸せになれない」と思うのなら、今が、大きく変わるチャンスかもしれません。

あなたなりの幸せな働き方を、一緒に考えていきましょう。

グチは心からの合図《サイン》？

お釈迦様の言葉に、鉄から出るサビにかんする言葉があります。

「サビは鉄から出て鉄を腐らせ、不平は人から出て人を滅ぼす」

この言葉には、幸せに働くための大きなヒントが隠されています。

鉄から出たサビは、鉄自身を腐らせます。人も自らのグチで自らを滅ぼします。

「不平不満ばかりいう人は、何をやってもうまくいかない」そんなイメージがありますよね。確かに、不平不満やグチというものは、人を滅ぼしかねません。

しかし、もしあなたの心が腐り切ってしまうほどのグチが出るのなら、働き方を考え直すタイミングかもしれないのです。


どんな鉄だって、雨に濡れれば多少はサビが出ます。それは自然の理《ことわり》です。人間も同じで、多少のグチならば自然の理ともいえるのです。

しかし、あまりにたくさんのサビは、鉄を腐らせてしまいます。鉄をサビから守るには、環境整備が必要です。サビが出ないよう、雨が当たらない場所に鉄を移動させるのです。

サビが出るのは、環境が鉄に合ってないという合図なのでしょう。

人間もそれと同じ。

心が腐るような環境では、人間そのものが壊れてしまうのです。

あまりにも不平不満があるときは、今の環境があなたに合っていない合図なのかもしれません。

それは決して、しんどかったら安易に仕事をやめていいという意味ではありません。それでも不平不満やグチを、無理に抑え込む必要はないのです。無理をして我慢をしていては、いつか自分が壊れてしまいます。

仕事で不平不満が、どうしても止まらないとき。それは、働く環境を大きく変える合図かもしれません。

自分の心を腐らせない。

そんな環境へ、自分から移っていくことも、幸せに働くためのコツなのです。

本当の幸せは「本当に好きな仕事」から

「今の仕事をずっと続けていてもいいのかと不安になります。

今の仕事がどうしても嫌だというわけではありません。特別に悪い仕事ではないかもしれないし、どんな仕事にも嫌なことやつらいことはある。

でも、このまま今の仕事を続けていて、幸せになれるのかわかりません。自分の好きなことをして生き生きと働いている人を目にすると、何ともいえない焦りと羨ましさも感じます。

たった一度の人生ですから、後悔しないよう生きたい。そのために、本当にやりたいことを見つけたい。

でも、どうしたら見つかるのでしょうか?」

僕のところには、毎日こんな相談が数多く寄せられます。多くの人が「今の仕事のままで幸せになれるのか?」、「幸せを感じられる仕事をしたい」と思っているのです。

では、〝幸せを感じられる仕事〟とは、どんな仕事でしょうか?

どんな仕事であれば幸せを感じることができるのか。まずはそれを知らなければなりません。

あなたにとって、仕事における幸せの条件とはなんでしょうか?

「たくさんお金をもらえること?」
「休みが多くて残業がないこと?」
「気の合う上司や同僚が多いこと?」
「立派な肩書きの名刺を持つこと?」

たしかにこれらは、よい仕事の条件です。たくさんお金をもらえたほうが嬉しいし、立派な肩書きも欲しい。残業はしたくないし、嫌な人と働くよりも尊敬できる人たちと一緒に働きたいと思います。

ですが、僕のところに相談に来る人たちが求めているのは、お金や名誉、仲のよい人と働いて早く家に帰ることではありません。

ひと言でいうと「やりがい」。

つまり、仕事によって得られる充実感です。

「趣味を楽しむ」気持ちで働ける

やりがいのある仕事をしたい、仕事をして充実感を得たい。そんな気持ちを、僕はよく理解しているつもりです。

なぜなら、僕もカウンセラーになる前は、新卒で入社した会社をたった半年でやめ、実力主義の会社に派遣社員として1年勤務した後、正社員になったのですが、やはりたった半年でやめてしまったからです。

それも、その二社目では最年少でマネージャーの肩書きをもらい、同年代よりもよい給料をもらっていたにもかかわらずです。結果を出していても「この仕事では、幸せになれる気がしない」と感じたのです。

「給料には不満はないし、肩書きももらえた。同窓会にだって胸を張って出席できる。でも、毎日毎日、朝早くから夜遅くまで、好きでもない仕事を嫌々こなして、飲んでは仕事のグチをいって寝るだけ。その繰り返しだ。これが一生続くとしたら……、僕の人生は幸せといえるのだろうか？」

ある日、仕事帰りの地下鉄の中で、そんなことを考えている自分の顔が、窓ガラスに映りました。その自分の顔を見てびっくりしました。そこに映っていたのは、24歳の青年の顔ではなく、しょぼくれた中年サラリーマンのような疲れきった顔でした。

次の日、僕は会社をやめようと決心しました。

「よい給料をもらって、ブランド物のスーツを着ていても、ノルマに追われてストレスをため、心に余裕がないから部下やスタッフに優しくすることもできない。今の自分は本当にカッコ悪い」

この先ずっとこんな人生が続くのかと思うと、ものすごく怖くなりました。

今、僕は心理カウンセラーという仕事に、とてもやりがいを感じています。

カウンセラーはドラマや小説の中とは違い、とても地味な仕事で、あまりお金になるものではありません。でも僕はカウンセリングをしているとき、メールマガジンを書いているとき、サイトやブログなどに寄せられる相談に返事を書いているとき、ものすごく充実感を感じます。そして、会社員時代の仕事では考えられないくらい、集中して仕事ができるのです。

半年で2度も会社をやめた僕が、カウンセラーになるために昼は派遣で営業マンとして働き、空いた時間にファミレスで資格を取るための勉強をし、夜はカウンセリングで独立するためのサイトやメルマガをつくる。この三重生活ができたのは、やはりカウンセリングや心理学が好きだったから。

そして、カウンセラーになるという夢に誇りを持っていたからなのです。

本当に好きなことを仕事にしよう

「好きなことを仕事にしたい!」、「やりがいや充実感のある仕事をしたい!」というと、「仕事はつらくて当然! 甘えている!! そんなことではどんな仕事も続かない」

といわれることがあります。

しかし、多くのクライアントや僕自身の経験から断言できること。それは、好きなことを仕事にし、やりがいや充実感を感じられたなら、仕事はどんな娯楽よりも楽しく、ずっと刺激的なものになるということです。

「テレビを見るより、旅行に行くより、仕事がしたい！」

世の中には、そんなふうに仕事を楽しんでいる人が、本当にいるのです。

これまでの日本の考え方では、仕事とは憂鬱なものの一つであり、お金を稼ぐための手段でしかありませんでした。

でもそれも少しずつ変わってきています。本当に好きなことを仕事にし、充実感を覚えている人が増えています。

というのも、終身雇用制度はかなり崩れ、これまでの成功モデルは通用しない時期がきているからです。それを、先輩や上司を見て実感している人が増えているのです。

つまり、これ以上我慢して幻になりつつある「安定」にすがるより、自分が本当に好きなことをしてチャンスを得たいと思う人が増えているということです。

それは、インターネットが普及したことで、「自分の好きな仕事をして活躍するチャンスが増えている」、「夢を叶えている人がより身近に感じられる」という側面もあるように思います。


僕の小学校の同級生の話です。

彼はとても勉強ができました。中学から私立の有名校に通い、関西の一流大学へ進み一部上場の大企業に就職しました。誰もがうらやむエリートでした。

ところが、数年ぶりにその友人に会うと、会社をやめていたのです。なぜ、そんな一流メーカーをやめたのかと訊くと、

「先輩と上司を見ていたら、あの会社で幸せになれる気がしなかった」

と彼はいいました。

その後、彼はある通信会社の子会社にウェブデザイナーとして就職しました。正直

なところ、会社の規模で考えると前職のほうがエリートでした。

でも彼は、とても嬉しそうに、「このホームページ、僕がつくったんだ」と、チームでつくったサイトを見せてくれました。

彼は前職をやめてから、ハローワークが主催しているスクールに通ったそうです。口にしませんでしたが、大変な時期もあったはず。もしかしたら一流メーカーをやめることに、家族や周囲の反対もあったかもしれません。

でも、「いつか独立して、ホームページ制作会社をつくりたい」と、少し照れながら話す彼を見て、仕事が充実しているのだなと、その場にいた誰もが感じました。

一流メーカーで働いている彼と、ウェブデザイナーをしている彼。どちらが幸せかなんて、考えるまでもありません。

彼の話はさらに続きます。

今では、ウェブデザイナーをしながら学生時代からの趣味である音楽を活かし、ベース教室を運営しています。自分の教室のサイトは自分で作れるし、今までの仕事と趣味をうまく融合させたのです。

生徒もたくさん集まって人気の教室になり、現在は会社員時代の年収を超えているそうです。好きなことを仕事にして、今までの経験もうまく活かし、たくましく働いています。

お金や肩書き、休みの多さ、気の合う上司や同僚がいるかも、もちろん大切なことです。でもそれ以上に、やりがいを持てるかどうか、仕事を通じて充実感を感じられるかどうかは、もっと大切なことです。

そしてそのためには、本当に好きなことを見つけ、それを仕事にすること。それこそがもっとも大切なことなのです。

人は、活動しているほとんどの時間を働いてすごします。もしあなたが充実した人生を送りたいと思うのなら、仕事にやりがいと充実感を得られるようにしてください。

この本は、あなたが仕事で充実感を感じられるようになるための手引書になると思います。

何時間でも楽しく続けられる仕事

「天職」ってなに？

僕は天職探しを専門にしているカウンセラーですから、「天職を見つけたい」という人がたくさん来られます。

ところが、「天職を見つけたい人」は多くても、「天職とはどんなものなのかを真剣に考えている人」はあまり多くありません。

では、そもそも「天職」をどうイメージすればしっくりくるのでしょうか。

多くの方がイメージするのは、「努力している感覚がないくらい、一生懸命になれる仕事」です。

たとえば、「ドラクエ」というゲームをご存知でしょうか？

これは『ドラゴンクエスト』という非常に人気のあるロールプレイングゲームで、プレイしたことや、耳にしたことがある人も多いと思います。

僕は、そのドラクエが大好きなのです。宝箱から強力な武器が出てきたときや、レベルが上がって強力な魔法を覚えたときは大はしゃぎです。気がついたら何時間もテレビの前に座っている、なんてことが今でもよくあります。「ドラクエをするのが仕事だったらいいのになあ」と高校生くらいのときは、本気で思ったものです。

僕の場合はドラクエですが、時間を忘れてなにかにハマった経験は、誰にでもあると思います。自然と何時間も集中することができて、時間が経っている感覚がないくらいに没頭できること。あなたにもありませんか？

数学の授業は終わるのが遅く感じられてしかたがなかったのに、なぜか美術の授業で絵を描いているときだけは「え、もう1時間経ったの？　もっと描きたい♪」と感じたり、打ち込めるものは何もないと思っていたのに、友達から「よくそんなに毎日ピアノの練習ができるね」といわれた経験です。

人によってはそれがスポーツだったり部活だったりするかもしれませんが、誰にでも一度はハマった経験があると思います。

学校でだけでなく仕事やアルバイト、なんでも構いません。この「努力している感覚がないくらい、一生懸命になれること」、それが天職になるのです。

楽しく続けられること、それが天職

僕がむかし、営業代理店で働いていたころのことです。ある商品の新しいイベントを考えていたのですが、アイデア出しに夢中になって、気がつくと4〜5時間が経っていました。普段ならつらくて、1時間も働けば休憩したくなるのに、そのときはつらいどころか、企画を考えるのが楽しかったのです。

さらに、そのイベントを実行するための、嫌な事務処理や雑多な手配なども、努力している意識もなく時間が経つのを忘れてやっていました。それは、初めて自分で考えて実行に移した仕事でした。ですから単純におもしろかったのです。

このときの僕は、周囲から〝すごくがんばっている〟〝努力している〟ように見えていたそうです。実際に、昇進をし給料も上がりました。

でも僕自身としては、がんばっているとか努力しているという、つらさを伴うようなものはなく、ただ「楽しいからやっている」というだけでした。

このように、自然と何時間も集中することができ、時間が経っているという感覚すらなく、なにかに没頭している状態を、チクセントミハイという心理学者は「フロー体験」と呼びました。

「フロー体験」とは、集中して充実感があり、それに快感なほど没頭していて、その行動がさらに能力を伸ばすように発展していく状態のことです。

天職を手にした多くのクライアントも、やはり天職に関することでフロー状態を経験しています。

もちろん、仕事になれば大変なこと、しんどいことも出てきます。当たり前ですが、好きなことを仕事にしたからといって、すべてがバラ色になるわけではありません。やはりそこには大変なことだってあるのです。

でも、嫌な仕事をただただ我慢していたときとは、大きく感覚が異なります。大変な仕事の中でも時間を忘れて取り組む集中した時間があり、それが仕事の楽しさやりがいになっている。

だからこそもっと技術を磨こうと思い、その仕事で成功する確率も高くなる。これこそまさに「天職」ということができるでしょう。

生まれ変わってももう一度やりたい仕事

生まれ変わっても、またやりたいか？

もう一つ天職をイメージするために、「まさにこれぞ天職。本当にやりたいことを、仕事にしている人だな！」と感じられる言葉を紹介しましょう。
歌舞伎俳優の六代目尾上菊五郎さんの、辞世の句です。

「まだ足りぬ　踊り踊りて　あの世まで」

死ぬまで踊り続けたい。いや、死んでもなお、あの世でも踊り続けたいというものです。

このように思える仕事こそ、まさに天職。やりたいことです。

僕が営業マンをしていたころ、「定年まであと何十年もこの仕事をやり続ける。そんな人生は嫌だな……」。いつもそう思っていました。

本当にしんどい会社のときは、「10年後も今の会社にいると思うと、みぞおちのあたりがモヤモヤとして、なんだか気分が悪くなってくる」、そう思って本当に吐き気がすることもありました。

でも、心理学を勉強し、生まれて初めてカウンセリングでお金をもらえたとき、「ああ、これを仕事にできるのなら、一生、貧乏でも幸せな人生だ……！」

そう思うことができました。その時の金額は3000円。勉強にかかったお金やサイト制作に使ったお金、そのための膨大な時間。それらのことを考えると、大赤字でした。

でもそのとき、僕は心からの幸せを感じられたのです。

実際、カウンセラーの仕事は、あまりお金になりません。僕は何冊も本を書いていますが、それでも世間でいうお金持ちといえるほどの収入ではありません。

独立して一人で仕事をしていくというのは、キラキラと輝かしいことばかりではなく、大変なこともたくさんあります。

しかし、それでも僕を含め天職を手にした多くのクライアントは、好きなことを仕事にすることで、

「ああ、死ぬまでこの仕事ができたら、幸せな人生だな。生まれ変わっても、またこの仕事をしたい」そう思うのです。


僕たちは社会人になると、生活のほとんどの時間を、働くことに費やします。

「その働く時間を幸せと感じるか？　苦痛と感じるか？」

それによって人生の豊かさは、大きく変わると僕は思います。ですから、豊かな人生を送りたいのなら、「まだ足りぬ　踊り踊りて　あの世まで」の境地で仕事をしたいものです。

「たとえ、生まれ変わっても、この仕事をしたい……！」
「たとえ、あの世に行っても、この仕事をしたい……！」

そう思えるような仕事こそ、天職といえるはずです。

ニーチェからの質問

哲学者ニーチェの質問にも、天職のイメージを深めるこんなものがあります。

「今の人生と寸分違わない、まったく同じ人生が何千回、何万回と繰り返されるとして、それでもあなたは『次もこの人生を生きたい』と思えますか」というもの。

これは悩ましい質問。普通はすぐにイエスとはいえないですよね。これにイエスと即答できる人は、きっと今の人生に本当に満足している人でしょう。本当の意味で満たされているからこそ、「次もこの人生を生きたい！」、そう思えるのでしょうからね。

これは仕事も同じです。

「もし、生まれ変わったとしたら、今と同じ仕事をしたいですか？」

そう聞かれたなら、あなたは何と答えるでしょうか？

即答でノーと答えることもあるかもしれません。僕がサラリーマンだった時代、仕事が苦痛で仕方なかったころは、即答でノーと答えていたはずです。

もちろん、100％完全に満たされて仕事をしている人なんて、なかなかいないでしょう。好きなことを仕事にしている人でも、長くやっていれば悩みはたくさん出てきます。

それでも、今の仕事で満たされているのなら、しばらく考えてイエスと答えます。

少なくとも僕は、もし生まれ変わっても、もう一度心理学を勉強して、カウンセラーになりたいです。

独立した個人事業主になったり、好きな職種に就いたりしていても、正直、大変なことはとても多いです。それが等身大の人間です。

それでも僕にとっては、カウンセラーが最も、やりがいを感じられる仕事です。

「もし、生まれ変わったとしたら、今と同じ仕事をしたいですか？」

もし、あなたがノーと答えるなら、今の仕事、働き方について、考え直す時期かもしれません。

だから、やはり「もう一度生まれ変わっても、今の仕事をしたい」、そう答えられる仕事こそ、きっと天職だといえるはずです。

心が満たされる仕事をしよう

天職は変わり者と普通の人の中間にある

没頭して何時間も続けてしまうほど熱中できる仕事を見つけ、その仕事に意味を感じているときは、「働くのが楽しい♪」と思います。それこそが、心が充実する働き方です。

実は、心が充実する働き方をしている人たちには、共通点があります。それは、ある決断をしていることです。

その決断とは、「変わり者扱いされる決意」です。

僕たちは普段、「あなたって、なんか普通よね」といわれるとイラッとします。まるで個性がない、面白くない人間だと、バカにされた気分がします。

でも、逆に、「あの人って、ちょっと変じゃない?」これをいわれても、やっぱりイラッとする。常識がない、分別をわきまえていないと、否定された気分がするのです。

つまり、普通すぎても、変わり者過ぎてもダメ。

だから、僕たちは普段、「変わり者」と「普通の人」の間を、行ったり来たりしています。時には常識的意見をいい、たまには変わり者ぶって見せもする。


でも、これは決して、無理に演じているわけではありません。

実は人間の人格というものは、一般に思われているよりもはるかに多面的なもので、どんな人の中にも、常識人の部分と、かなり変わり者の部分があるのです。

そして時と場合によって、常識人と変わり者を使い分けているのです。それは僕自身も同じです。みなさんにも少しは、心当たりがあるのではないでしょうか。

演じているというとイメージが悪く感じるかもしれませんが、どんな人の中にも、常識人と変わり者が同居していて、どちらも本当の自分です。それを状況によって無意識的に使い分けているだけなのです。

ところが、心理学では、「奇人変人の方が幸福度が高い」という研究結果があるのです。この場合の変人は、「ちょっと個性的でオシャレな変人」などでは決してありません。もっと完全に突き抜けた変人のことです。

たとえば中年のおじさんが、セーラー服を着て街を歩く。そういうレベルの変人です。そういう人って、「あの人の人生、大丈夫?」なんて思われがちです。それでも、そういう人の方が、実は普通の人より幸福度が高い。これって、ちょっと不思議ですよね。

でも、よく考えてみると、そういうレベルの変人は、「人にどう思われようと、まったく気にならない。ただただ、好きなように、自由奔放に生きている」。これって世界で一番、気が楽な生き方なのです。

他人と自分を比べない。人目を全く気にしない。

それができるのなら、人生の大半の悩みなんて、消し去ることができます。奇人変人は、それができる。これはある意味、一つの能力、**「比べない能力」**なのです。

突き抜けたレベルの変人は、結婚や収入などの社会的側面だけを見ると、幸福に見えないかもしれません。でも、本人の主観としての、人生の満足度という意味では、やはり奇人変人は幸福でしょう。

人の幸福は社会的側面より主観としての満足度につきます。ですから、変人のように、「人にどう思われようと、まったく気にならない」、これほど幸福なことは、この世の中にないのです。

やりたいことを見つけるときに、この変人の「比べない能力」がとても重要です。「人にどう思われるか？」そればかり気にしていては、やりたいことなど見つかるはずがありません。

なぜなら、天職を見つけることと、やりたいことを見つけることは、ある意味では、普通の人とは違う道を進む決意をすることでもあります。営業や一般事務などの、普通の仕事で満足できるのなら、何も悩む必要はありません。転職サイトを見ればいいだけです。

天職を見つけること、やりたいことを見つけることは多少なりとも、夢を追いかける要素が、必ず入っています。そして大人になって、夢を追いかけようとすると、「あの人って、ちょっと変じゃない?」そんな目で見られる。

だから、誰かに相談をしても、「いつまでも子どもみたいなことをいってないで、普通の仕事にしておきなさい」といわれます。

それでも反対を押し切り、「いや、やっぱり自分は、本当に好きなことを、仕事にしてみせるんだ!」。そうやって自分で決めて、もし失敗してしまったら、情けなくてカッコ悪い……。これは社会性のある人にとって、本当に強烈な恐怖です。

だから僕たちは、好きなこと、やりたいことを心の奥底に封印してしまいます。

でも、それを乗り越えないと、やりたいことは絶対見つからないのです。変人や変わり者のように、「人にどう思われようと、まったく気にならない」そういう考え方がとても大切なのです。

でも、みんなそこまで変わり者になりきれません。

他人の目を気にして、自分の中の変わり者の要素を抑え、普通の枠に留めようとします。それは社会性がある証拠で、決して悪いことではありません。変わり者であることが比べない能力なら、普通であることは空気を読み足並みをそろえる能力です。そして、それも自然な人間の姿です。

それでも、天職を見つける、やりたいことを見つけるとき、自分の中の変わり者の要素を、いつもより強く前に出しましょう。

「人にどう思われようと、ただただ好きなように、自由奔放に生きていく」


そういう決心をしたとき、自然とやりたいことが見えてきます。やりたいことがわからず悩んでいるのであれば、今よりほんの少し、変わり者の要素を強めませんか？

他人にどう思われても、ほんの少し変わり者の方が、きっと楽しい人生です。

みんなと違っていい

変わり者になることについて、もう一つ考えたいことがあります。

それは「同調圧力」です。

わかりやすく一言で説明すると、「みんなと同じ意見は、いいこと。みんなと違う意見は、悪いこと」。そういう暗黙のプレッシャーです。

もっとわかりやすくいうと、職場などの飲み会の席で、

「とりあえず全員ビールで乾杯するぞ!!」

「はい、とりあえずビールでっ!!」（全員）

こんな場面があったとします。

そこで自分一人だけ、

「いや、私は赤ワインが飲みたいです」

これをいえないのと同じことです。


日本人は小さい時から、「みんなと同じが、正しいこと」、そんな同調圧力が刷り込まれています。ですから、「自分だけ赤ワイン」に、引け目を感じてしまうのです。

「みんなと同じが、正しいこと」

それは、ある意味では、**空気を読めることでもあり、協調性といえるかもしれません。これは同調圧力のメリット**です。

でも、僕たちの人生には、みんなと同じにできないことも多い。

「みんな結婚しているのに、独身なのは私だけ」

「みんなグループでいるのに、一人でいるのは私だけ」

「みんなちゃんと働いてるのに、無職なのは私だけ」

そんなときもありますよね。

そんな時、僕たちは、

「私一人だけみんなと違う。なにか間違っていたのかな？　私っておかしいのかな？」と不安が出てきます。これが同調圧力のデメリットです。みんなと違う自分のことを、ダメな自分と感じてしまうのです。

でも、当たり前のことですが、みんなと違うことは悪いことではありません。たまたま、みんなと違うところがある。それはとても自然で、誰にでもある当然のこと。引け目に感じる必要など、どこにもないのです。

むしろ、みんなと違っても、自分が納得できる生き方をする。それが自分らしく生きるということ。みんなにあわせようと無理をして、ストレスをため込むよりずっといいのです。

みんなと違うことは、何も間違っていないし、悪いことじゃない。

堂々と自分の考えを持てばいいし、自分なりの生き方をすればいい。

そもそも、みんなと「同じ」とか「違う」とか、そんなところに正しいも間違いもありません。


どんな人の人生にも必ず、他の人と違うところがあり、それを「個性」と呼びます。

独身だろうが無職だろうが、一人ぼっちだろうが、それでいい。誰が何といおうと、それでいい。なぜならそんなところに、「正解」も「間違い」もないからです。

自分なりに納得できる考え方、自分に合っていると思う生き方を、堂々と貫いていけばいいのです。それが本当の意味で、ありのままの自分を受け入れることなのだと思います。


そして、好きなことを仕事にするのは、みんなと違う生き方の選択です。

「好きなことなんかで、食べていけるわけがないよ」

みんながそういったとしても、

「それでも私は、好きなことを仕事にしてみたい」

そんな自分の気持ちを大事に貫き通す。


「やっぱり仕事には、安定した収入が一番大事だよ」

みんながそういったとしても、

「それでも私には、お金よりも大事だと思うことがある」

そんな自分の気持ちを大事に貫き通す。


「みんなと意見がちがってもいい。自分の意見を大事にしたらいい」

それをちゃんとわかっていないと、「みんなの意見」に振り回されてしまい、自分の気持ちがわからなくなります。自分の気持ちがわからない人に、好きなこと、やりたいことなんて、わかるはずがありません。


ですから、「みんなと違う自分の意見」を大切に持ち続けることが、やりたいこと探しには必要です。

「みんなと違う、自分の意見」

それを大切に持てるようになったとき、天職へ大きく近づきます。

第 2 章

本当に大好きな仕事の見つけ方

あなたの「好きなこと」って何ですか？

「働くこと」は「人生」そのもの

好きなことを見つけるために、最初にやること。それは、**自分の「生き方」を決めること**です。

これは仕事選びの大前提です。自分がどのような生き方をしたいのか。まずはそれを決めないと、好きなことは絶対に見つかりません。

「好きなことと生き方なんて、関係ないじゃない。なんでそんな面倒なことを考えなければいけないの？」

と思うかもしれません。

しかし、**「好きなこと」と「生き方」は、とても密接な関係がある**のです。

なぜなら僕たちは、人生のほとんどの時間を労働に費やしているからです。ですから、働くことは人生そのものといえるのです。

ほとんどの人が、高校か大学を卒業すると働き始めます。間《あいだ》を取って20歳から働き始めるとすると、定年まで働くと45年です。最近はほとんどの人が定年後も働きますから、実際には50年前後、働くことになります。そして1日の労働時間はだいたい8時間前後。長い人だと1日12時間くらい働く人もいます。

つまり、大人になってからの人生のほとんどは働いてすごすことになるのです。いい換えれば、「働くこと」は「人生そのもの」であるといっても過言ではありません。仕事の内容によって人生は大きく左右されるのです。

ですから、どんな仕事に就くと幸せかを考えるには、どんな人生を生きたいかを考える必要があります。

「ワクワク志向」か「安定志向」か

「生き方を決めるなんて、なんか難しそう……」と思われるかもしれません。

たしかに自分の「生き方」を決めるのは、とても難しいことです。自分の「生き方」

や人生観は、きっと70年、80年と、一生をかけて見つけていくものです。そんなものがすぐに見つかるはずはありません。

でも大丈夫です。好きなことを見つけるために必要な人生観は、「情熱志向」か「安定志向」かということだけなのです。その二つのうちのどちらかを選べれば、好きなことを見つけるための、かなり大きな一歩を踏み出せます。

「独立・開業」と「公務員」を例に説明しましょう。

独立・開業を考える人は「たった一度の人生、思いっきり情熱的に生きたい！」と思って独立・開業をします。公務員になる人は逆に「安定した収入のある、安心できる人生を生きたい」から公務員になろうと思う方が多いです。

ところが「情熱志向」の人が公務員になると、「自分にはもっと刺激的な、活躍できるステージがあるはずなのに……」と思ってストレスをためてしまいます。「安定志向」の人が無理に独立・開業をしようとしても、プレッシャーや不安から萎縮してしまって、うまく能力を発揮できないかもしれません。

これは、「安定志向」になってはいけないといっているのではありません。また、決して公務員をおもしろくない仕事だといっているのでもありません。

成功哲学の本などには「常にポジティブに！」、「常に情熱的に生きよう！」ということがよく書いてあります。でも、みんなが常にポジティブで情熱的なんて、そんな世の中は不自然です。情熱志向の人もいて、安定志向の人もいる。ですから世の中のバランスが取れているのです。

情熱志向の人しかいない会社は、極端な経営に走ってしまいます。安定志向の人がブレーキの役割になっているから、バランスが取れるのです。

情熱志向も、安定志向も、それはそれで一つの個性。よいも悪いもありません。

また最近はよく「心のブレーキをはずせ！」という言葉も聞きますが、ブレーキのないクルマは必ず事故を起こします。クルマにはアクセルとブレーキがあり、それをバランスよく、必要に応じて踏み分けるから、安全に目的地にたどり着くのです。

人だって同じです。

あなたの中に「情熱志向」というアクセルがある一方で、「安定志向」というブレーキもある。人生の要所要所で、そのアクセルとブレーキを使い分けています。一生懸命がんばってアクセルを踏むだけでなく、今はちょっとゆっくりするときだと感じたらブレーキを踏むことも大切なのです。

僕は、安定した人生を求めることが悪いことだとは思いません。情熱志向の人だけが幸せになれるとも思いません。

安定した収入を求め、地味に見えても一つの仕事に一生懸命に打ち込み続け、家庭を持ち、子どもを育てていく。それはそれで一つの幸せのかたちです。実際、そういう幸せを手に入れている人もたくさんいます。

テレビや雑誌などのメディアに出てくる「好きなことを見つけた人」は情熱志向で行動的な人がほとんどです。ですから「情熱志向にならなければ！」と思う人もいるかもしれません。

でも、本当に大切なのは、自分の「生き方」に合った仕事を選ぶことなのです。それこそが、好きなことを見つけるための、唯一の近道です。

「今」の気分で生きる

「自分に合っている生き方を選べ」というと、これから先の一生の生き方を選ばないといけないと思うかもしれません。

でも、そうではありません。

「生き方」は、人生の時期に応じて変わるのが当たり前です。

一生のあいだ、ずっとアクセルばかり踏み続ける人も、ブレーキばかり踏み続ける人もいません。

今の自分が求めているのは、アクセルなのか、それともブレーキなのか、それを考えることが「生き方を考える」ということなのです。

それに、一生という、50年も60年も先のことを考えようとしても、人間の脳では想像不可能です。考えれば考えるほど頭の中が混乱して、わけがわからなくなってしまいます。想像できる自分の未来なんて3年先くらいまで、という人がほとんどでしょう。ですから「これからの3年」という期間に限定して、あなた自身の生き方を決めてみるのです。

この話をすると、

「なんとなく情熱的に生きてみたい気はするんだけど、どちらかはっきり決められません」

という方が必ずいます。

でも、それでいいのです。生き方なんて、そこまで明確にはっきりと白黒つくものではありません。

クルマの運転でも、アクセルを思いっきり踏み込むことなんて、ほとんどないでしょう？　急ブレーキを思いっきり踏むことだって、ほとんどありません。

人生だって同じです。アクセル全開で情熱的に突っ走るときなんて、一生に1回か

2回あるかないかです。ほとんどの人は、安定した収入があればそれでいいと考え、極端な志向におちいることもありません。

大切なのは、なんとなくでかまわないので、今この瞬間の自分の心が「情熱志向」か「安定志向」か、どちらのほうに向かっているかを知っておくことです。それはきっと、仕事について悩んだとき、あなたの心のコンパスになるはずです。

「好きなこと」を仕事にすると……

好き嫌いを優先すると「やる気」が出てくる

「仕事はつらいもの。好きなことを仕事にしたら、好きでなくなってしまう。だから、仕事にしないほうがいい」

という人がいます。でも、本当にそうでしょうか？

僕は**「好きなことこそ仕事にしたほうがいい！」**と断言します。

なぜなら、人間は好きなことを仕事にしたほうが、本気でがんばることができるからです。これは心理学、脳科学共に証明されています。

脳科学によると、**やる気は脳の中の側座核《そくざかく》という部分がつくっている**そうです。そしてこの側座核は「好き嫌い」をコントロールする扁桃核《へんとうかく》に支配されています。

つまり、「やる気の脳」は、「好き嫌いの脳」に支配されているのです。

脳科学者の大木幸介《おおきこうすけ》さんは、著書『やる気を生む脳科学』（講談社ブルーバックス）の中で、「好きでなければ、やる気は絶対起こらない」と述べています。

心理学には「内発的動機づけ」というのがあります。自分からやりたいと思って始めたことは、お金や名誉のためという「外発的動機づけ」よりも、長期にわたってやる気を保つ効果があるという考え方です。

もちろん、やる気の出し方には個人差がありますし、短期的にやる気を出すにはお金や名誉なども効果がありますが、やる気を持続させたいのであれば、好きなことを仕事にするほうが、効果があるのです。

仕事をもっと楽しむ方法

先にも述べましたが、好きなことを見つけたい人にも「好きなことでも、仕事になると嫌いになるかもしれない」と考える人はいます。そういう人は、好きではないことの中から、好きなことを見つけようとします。

しかし、心理学や脳科学から考えると、「好きでないのに、好きなこと」など存在しません。

たしかに、好きなことを仕事にしたら、好きだったことが嫌いになってしまったという人もいます。でもそれは、会社の経営方針や職場環境に問題があったり、仕事の楽しみ方を知らないだけです。

実際、好きなことを仕事にして、その仕事を楽しんでいる人はたくさんいるのです。

心理学者のマイケル・マコビーは、仕事を楽しんで成長する人たちを「ゲームズマン」と称しました。ゲームズマンは、仕事上の問題を解決することを、まるでチェスの手を考えるかのように楽しむのだそうです。

自分の目の前にある問題や環境を、「会社や上司がこんなんだから、なにをやってもダメだ」と投げ出してしまう人に、成長も問題解決もありません。

「この問題を解決する方法はなんだろう？」と自分で考え、自分なりのアイデアを出す。わからないことは自分で調べ、実際に行動を起こす。会社や上司のせいにするのではなく、「どうすれば上司が動いてくれるのか？」、「どうすれば自分のやりやすい仕事環境をつくれるのか？」を考え実行するのも、仕事のおもしろさの一部分なのです。その過程を楽しめる人だけが、仕事を楽しみながら成長することができます。

もちろん、自分の力だけではどうにもならないこともあります。

でもゲームズマンは、たとえなにも変わらなかったとしても、自分から行動を起こすことの楽しさを知っています。チェスやオセロの楽しみは、勝負に勝つことだけではありません。勝負に勝つために全力で次の一手を考える。その考えている過程にこそ、ゲームの楽しさはあるのです。

結果にばかりこだわるのではなく、問題解決のために考え、行動そのものを楽しむこと。

このように行動そのものを楽しむことを「自己目的的性質」といいますが、これこそが仕事の楽しさです。逆に「好きなことでも、仕事になると嫌いになるかもしれない」という人は、根本的に仕事の楽しみ方を知らない人です。それでは、どんな仕事をしたところで、楽しめるはずがありません。

逆に、「目の前にある問題をどうやって解決するのか？」におもしろさを見いだす方法さえ知っていれば、ある程度、どんな仕事でも楽しむことができます。そんな人が好きなことを仕事にすれば、人生そのものが楽しくなります。

頑張らないで、顔晴ろう

カウンセラーになりたいと思った僕がいちばん最初にしたことは、自分がカウンセリングを受けることでした。当時の僕は、カウンセラーになって食べていけるのか、とても不安でしかたありませんでした。

最初のカウンセリングで僕は、

「カウンセラーになろうかどうか、悩んでいるんです……」

と正直に相談しました。そのとき僕のカウンセリングをしてくださった先生は、

「中越くん、がんばりなさい」

とおっしゃいました。それに対し僕は、

「あまり無理してがんばるのは苦手なので、気楽にやろうと思います」

と答えたのです。すると先生は、こんなアドバイスをくれました。

「中越くんの『がんばる』は、『頑張る』でしょう。たしかに、頑なに張るのは辛い。それじゃあ疲れてしまって長続きしないよね。

でもね、本当の『がんばる』は、『顔晴る』って書くんだ。『顔晴る』だったらできるでしょう」

「顔が晴れる」。つまり、**自分がいつも笑顔でいられるように、楽しんで仕事をすること。**好きなことを仕事にするには、それがいちばん大切です。

僕自身、心理学の勉強と派遣の仕事を両立していた時期や、なかなか相談者が集まらず、お金に困っていた苦しい時期がありました。

そういうときには、心理学の知識を派遣の仕事に応用してみたり、どういう広告を出せばお客さんが集まるのか、たくさんアイデアを出して実践したりと、できるかぎり目の前にある問題解決を楽しもうとしました。すると、「心理学の知識を使うと、嫌な上司が急に褒めてくれた！」、「この広告には、こんな効果があったのか！」など、いつも新しい発見や驚きがありました。

それは、苦痛に顔をゆがめて耐え忍ぶ「頑張る」ではなく、知識欲や好奇心を満たしてくれる「顔晴る」でした。だからこそ、小さな努力を、ずっと積み重ねることができたのだと思います。

好きなことを仕事にするならば、ぜひとも「好きなこと」のなかから選んで、顔晴ってもらいたいと思います。

「頑張る」のではなく「顔晴れ」ば、好きなことが嫌いになることはないのです。

「好きなこと」はいつも目の前にある

「好き」な気持ちを見て見ぬふりしてしまう心理

あなたは、自分の好きなこと、興味のあることが何かをすぐに答えられますか？
好きなことが見つからない人は、「自分の好きなこと、興味のあることがわからない」という人が多いのです。

カウンセリングを数多くして気づいたことは、ほぼすべての人が、好きなことは心の奥底に必ずあるけれど、自分でそれに気づくことができないということです。
なぜ、自分の好きなことに気づくことができないのでしょうか。それを理解していただくために、少しだけ心のしくみについて解説しましょう。

外見が非常に整った魅力にあふれる異性というのは、意外と恋愛の対象になりにくいものです。あまりに魅力があり過ぎると「きっと自分には振り向いてくれないだろう」と、無意識的にその人への恋心を封印してしまいます。

魅力的な人を好きになると、自分が振られる危険性が増します。それを無意識的に避けようとするのです。そして、自分が考える自分自身のイメージと釣り合いが取れていると感じる人を、恋愛対象として選ぼうとします。

これとまったく同じことが「好きなことがわからない」という人の心の中でも起きています。**好きなことがわからない人は、自分の「好き」という気持ちを見て見ぬふりしている**のです。

このように自分に都合の悪い記憶や感情を「なかったこと」にする心の働きを、**無意識の防衛機制〈否認〉**といいます。

本当に好きなことを仕事にするのは、たいていの場合、とても努力が必要になります。失敗するかもしれないというリスクまで背負い込むこともあります。資格が必要だったり、大学に入りなおす必要があったり、会社員をやめ独立することが必要な場合もあります。

今までの人生で一度も自分の夢を本気で追いかけたことのない人が、急にその努力とリスクを受け入れるのは、とても不安で苦痛なことです。なにより「夢があるのに、それを追いかける努力をしない自分」を認めるのは、もっともっと苦痛です。

努力とリスクから逃げ回る。そんな情けない自分を認めることは、誰にとっても受け入れがたい事実だといえるでしょう。

そこで心を守るために見て見ぬふり、つまり〈否認〉のシステムが働きます。

そう、好きなことや興味のあること、つまり「好きなこと」を、なかったことにしてしまうのです。もちろん無意識の働きですから、当の本人はまったく気づくことなく、「僕には好きなことがない」と悩んでいます。

「好きなこと」は、どんなときでも目の前にあります。

でもそれを認めることは、ほとんどの人にとって難しいことなのです。

説得力があるのは「できる理由」

幼稚園児に「将来何になりたいの？」と訊くと、うるさいくらいに答えてくれます。でも大人になって、夢を追いかけることの大変さを理解すると、途端にそれに答えることができなくなってしまいます。

一生に一度は挑戦してみたい夢が心の奥底にあったとしても、その夢がほんの少し頭を出した途端、

「夢を追いかけて失敗したらかっこ悪い」

「自分なんかにそんなすごいことができるはずがない」

「特別な人しか夢のある仕事に就くことはできない」

などと、できない理由ばかり考えてしまいます。

そして、できる理由、

「やってみなければわからない」
「成功するまで続けた人が成功者」
「努力こそが才能を開花させる」
には、目を向けようとしません。

たしかに、できない理由にも説得力はあります。みんながみんな成功する、そんなに世の中は甘くないかもしれません。

でも、できない理由以上に、できる理由のほうが、説得力があるのです。なぜなら、できない理由をいうのは夢に挑戦したことのない人ばかり。それに対して、できる理由をいっているのは、人類の歴史に輝く偉人や成功者たち、夢を叶えた人たちなのですから。

自分自身の本音と向き合うというのは、とてもきれいな響きがする言葉ですが、実際には弱い自分、情けない自分を受け入れることでもあり、大きく苦痛を伴うことも多いです。でもそれは、事実を受け入れて、よりよい人生を築くための、成長するための苦痛です。

あなたが今、「好きなことを見つけて、もっと充実した人生を送りたい。でも夢に挑戦するのは怖い」と思うのも、まさにそれと同じこと。

自分自身の封印していた夢を思い出し、よりよい人生を築くための、成長するための苦痛を味わっているのです。

あなたの夢は、遠い昔に封印したことかもしれませんし、案外、最近封印したことかもしれません。自分自身の夢を封印してしまった心当たりが、あなたにもあるのではないでしょうか。

「好きなこと」を見つける

神様が叶えてくれるなら何がしたい？

好きなことは、あなたが気づいていないだけで、あなたの心の奥底に封印されています。では、どうやってその封印をとけばいいのでしょうか？

封印のとき方はいろいろあるのですが、ここでは心理学の「ミラクルクエスチョン」と呼ばれるものを紹介したいと思います。

ミラクルクエスチョンは、たった一つの簡単な質問です。

今回は、僕がカウンセリングのときに応用して使っているバージョンを紹介します。

では、質問です。

「もし今晩、枕元に神様が現われて、あなたがどんな仕事に就いたとしても、必ず成功すると約束してくれたとしたら、あなたはどんな仕事を選びますか？」

少し時間をとって、ゆっくりと考えてみてくださいね。

さて、どうでしょう……？

きっとほとんどの人が、むかしから憧れていた仕事や、一度はやってみたいと思っていた仕事を、心の中に思い浮かべたのではないでしょうか。

そしてそれらの仕事は、きっとあなたにとっては、なかなか就くのが難しい仕事なのでしょう。なぜなら、簡単に就くことができる仕事なら、神様の力を借りなくても、今すぐ転職すればいいいだけのことですからね。

どんな人でも、しんどいことはしたくないものです。

「自分の能力を最大限発揮して、もっとイキイキとした人生を生きたい」と思う一方で、「今のままダラダラと、ぬるま湯につかってすごしたい」と思うのも、人の素直な心の一面です。

ですからついつい、簡単に叶いそうな夢にばかり目を向け、難しそうなことは無意識の奥底へと封印してしまいます。

好きなことを仕事にする。それはまさに、夢を叶えることそのものです。夢を叶えるためには、たくさんの越えるべき壁がある。それは当然のことです。

たくさんの壁を乗り越えるためには、たくさん努力をすることが必要になります。でも努力をするのは誰だって苦手。しんどい努力をするくらいなら、夢なんてなくったってかまわない。だからとりあえず、夢は無意識の中に封印して、しっかりと閉じ込めてしまう。

すると、ふたたび夢を持ちたいと思っても、自分がどんな夢を閉じ込めたのか、すっかり思い出せなくなってしまうのです。

ミラクルクエスチョン、「もし神様が成功を約束してくれたら……」という質問は、あなたがどんな夢を心の奥に閉じ込めたのか、ほんの少し思い出させてくれるのです。

本当に神様は必要ですか？

「夢なんて、しょせんは実現不可能。好きなことを仕事にできるのは特別な人だけ。それに、神様なんているわけがない……」

と思うかもしれません。

たしかに、神様がいるのかどうか、僕にはわかりません。でもあなたの夢は本当に、神様の力を借りなければ実現不可能なのでしょうか？

実は、僕のミラクルクエスチョンには、まだ続きがあります。

「では神様が、あなたが選んだ仕事で成功を約束してくれたら、あなたはそのために今日からどんな行動をとりますか？」

このミラクルクエスチョンの続きを質問すると、ほとんどの人がたくさんの具体的な、今やるべきことを、思い浮かべてくれます。

たとえば……、
独立起業したい人なら「まずは起業の方法について、わかりやすく書いてある本を買う。事業計画書の書き方も調べよう」

カフェを開きたい人なら「まずはいろんなカフェをたくさん見てまわって、どんなカフェがお客さんに喜ばれるのか、どんなカフェを自分がつくりたいのかを考えよう。それから、今の仕事を続けてお金を貯めながら、小さいお店の経営のしかたを勉強しようかな……」

ウェブデザイナーになりたい人なら「友達がウェブデザイナーの無料セミナーがあるっていってたな。友達に連絡してくわしく教えてもらおうかな。セミナーに出てみればなにをしたらいいのかがわかるかもしれないし……」

カウンセラーになりたい人なら「まずはどんな資格が必要なのか現役のカウンセラーに相談しよう。あとはどうやって集客をするかも調べなきゃ……」

などなど。神様に成功を約束されると、夢を叶えるための具体的な行動を思い浮かべることができるようになるのです。

でも、ここで少し考えてほしいのです。

あなたが思い浮かべた、その具体的な行動をするのに、本当に神様の力が必要なのでしょうか。

それらは誰にでもできる、小さなことの積み重ねではありませんか。

そして、その具体的な行動をすべて行なったら、神様の約束がなくても、きっと成功するのではないでしょうか。

あなたが、成功するのに必要だと思うだけの行動をすれば、本当に成功するに違いないのです。

「夢を叶えるために必要な行動」と考えると、とてつもない量の行動が必要なように思えます。そんな量の行動なんて、とても自分にはできない、それこそ神様の力でも借りなければできないようにも思えてきます。

でも乗り越えるべき壁は、すべてが一気にやってくるわけではありません。それは、ほんの少しずつなのです。ですから、僕たちがとるべき行動も、毎日、ほんの少しずつでいいのです。

ほんの少しずつでいいならば、神様の力を借りなくてもできるはずです。

夢が叶ったときの嬉しさと、自分の仕事を誰かが必要としていることを、忘れることなく心にとどめておけば、ほんの少しずつの行動は必ずできるはずなのです。

それこそが夢の持っている力、「好きなこと」が持っている力です。

もしあなたがほんの少し行動を起こすなら、その夢はもうすでに、半分は成功しているのですよ。

恋愛体質が好きな仕事を引き寄せる

「恋する力」が好きな仕事への鍵

「恋をしているときは、あばたもえくぼ」といったりします。

人を好きになると、とくに恋に落ちてすぐの時、相手の欠点はまったく目に入らず、いいところしか見えなくなります。そして付き合い始めると、

「顔もいいし、性格もいい！　趣味も私とぴったりだし、この人とならうまくやっていけるはず！」

誰でもこのように思い、恋人と心が一つに溶け合うように感じます。お互いに相手のことが好きで好きでしょうがないし、相手を失いたくないと思うので、なるべく相手に意見を合わせます。ですから最初のころは、

「自分が映画を見たいときは、相手も映画を見たい」

「自分が話をしたいときは、相手も話をしたい」

「自分が旅行に行きたいときは、相手も旅行に行きたい」というのが通用します。そしてなおさら、自分と恋人は「身も心も一つ」だと思い込んでしまいます。

ところが、付き合ってしばらく経つと慣れてきて、相手に合わせるのが面倒になってくる。そして、少しずつ意見の食い違いがでてきます。

「自分はパスタを食べたいけれど、相手は焼肉を食べたい」

「自分は旅行に行きたいけれど、相手はそのお金を貯金したい」

「自分は話をしたいけれど、相手は疲れていてもう寝たい」

こうなってくると、もう悲劇です。

「あんなに優しかったのはなんだったの!? だまされた!!」

なんて思ってしまうのです。

でも実は、だまされたのではなく、自分が勝手に「相手は自分の理想の恋人で、自分にぴったりの人だ」と思い込んでいただけなのです。

「愛」が生まれるために必要なもの

僕の大好きな精神科医スコット・ペックは、名著『愛と心理療法』（日本語翻訳版・創元社）の中で、

「恋とは錯覚である。子孫を残させるための本能という巧妙な罠である」

といいました。

ここだけを読むと「なんて身もふたもないこと！　これだから精神科医は夢がない」と思ってしまいますが、この話には続きがあります。

「恋とはたしかに錯覚であり罠であるが、それがあるからこそ、現在幸せな結婚をしている我々は、結婚を決意することができた。恋はたしかに錯覚だけれども、その夢が覚めたあと、相手のいいところ悪いところを受け入れ、なんとかうまくやっていこうと努力する。そうやって努力することこそが愛である。だから恋とは錯覚であり罠であるけれども、恋がなければ愛は生まれない」

これはなるほどと感じますよね。つまり、なかなか恋人ができない人は、「錯覚する能力に欠けている」ということなのです。

すぐに恋人ができる人は、多少相手の外見が悪くても、性格に問題があっても細かなところまで気にしません。そこは恋の魔法で「爽やかで性格もいい」と思い込むことができるのです。

このときに「顔も性格もよくて、自分にぴったりな人じゃなきゃイヤ！」だと思い、相手の悪いところを探そうとすると、どうしても恋の魔法にかかることができません。

この裏にある心理は、「つまらない異性に引っかかって、傷つきたくない」という必要以上の警戒心です。

しかし、まったく傷つかない恋愛なんてありえません。二人の人間が、ともに時間をすごすのですから、ある程度ぶつかりあうのが当然です。恋愛において互いにある程度、傷つけ合ってしまうのは、けっして悪いことではありません。

あなたをまったく傷つけずに恋愛ができる異性を求めるなんて、それこそ完璧主義で、理想が高すぎるということ。完璧な人はいませんから、あまりにも高い理想を持ってしまうと、たとえどんなに条件のいい相手であっても、けっきょく誰とも付き合うことができません。

これは、「やりたいこと探し」にも同じことがいえるのです。

「好きなこと」に恋しよう

「こんな素敵な仕事はない！　この仕事を1回でもいいからやってみたい！」

という思い込みこそが、最初の一歩を踏み出す原動力になります。その仕事に就いたらとても素敵な日々が待っているに違いないという「錯覚」こそが、好きなことに近づく第一歩なのです。

もちろん、どんなに素敵に見える仕事でも、実際に始めてみれば必ず苦労やしんどいことがあって当然です。それは、どんなに素敵な人と結婚しても、結婚生活には必ずなにかしらの大変さがあるのと同じこと。

なのに、好きなことが見つからない人は「錯覚」をする前に、好きなことを見つけたあとの苦労のことばかり考えています。せっかく見つけた好きなことの粗探しばかりするのです。

「就職するのが大変そう」

「資格を取るのは難しいかもしれない」

「これを仕事にしたら収入が下がる。もしくは低収入かもしれない」

あるいは、完璧な好きなことを見つけようとします。

「夢があって、就職するのが簡単で、安定していて、高収入でかっこよくって、いい仲間に囲まれていて……」

そんな仕事はあるはずがありません。

どんな仕事にだって欠点はあるのです。そして、その欠点を見つけようと粗探しを始めると、100年の恋も一瞬で冷めてしまいます。

また、ほとんどの人が、自分の心の中にある「好きなこと」に対して、

「本当に究極の好きなことさえ見つかれば、自分はなにもしなくても勝手に体が動き始めて、好きなことを仕事にし始めるはず。それくらい究極的に強い思いでなければ、好きなこととは認めない」

と思っています。これを言い換えると、

「自分に勇気や行動力がないから、なにもしていないのではない。これが本当に究極の好きなことではないから、自分は行動していない」

ということ。こう思えば、楽ですからね。

でも、自分がなにもしなくても体が動き出してしまうような、本当に究極の好きなことなんて、この世の中には存在しないのです。

「究極の結婚相手」が熱烈な恋をしている最中にしか存在しないように、それは思い込みの世界にしか存在しません。

どんなに素敵な恋人でも、粗を探せば悪いところは必ずあります。同じように、どんなに素敵な仕事でも、粗を探せばいくらでも悪いところはあるのです。

心理学者ペックのいうとおり、恋は錯覚だけれども、それは愛するために、どうしても必要な原動力です。同じように、「本当に究極の好きなこと」を見つけたいと思うのなら、その「好きなこと」への恋、錯覚、思い込みという原動力が、最初の第一歩を踏み出すためにはどうしても必要なのです。

そのためには、**自分の好きなことに対して「粗探し」をしないこと。**

好きなことは、主観の世界のできごと。あなたが、好きなことの見方を変えれば、すべては変わります。まさに「自分が変われば世界は変わる」のです。

選択肢を減らすと、やりたいことが見つかる

天職・やりたいことを見つけるときに、粗探しをやめるのと同じくらい大切なことです。それが、旅行の荷物を減らすことと大きく関係しています。

先日、旅行に行くために、準備をしていた時のことです。

「予備のタオルとハンカチ、糸ようじも忘れちゃいけない。雨に濡れたときのため、とりあえず予備のジーパンも。ああ、それから、念のため下着と靴下も多めに。新幹線が退屈だといけない。本を何冊か持って行こう。それから、それから……」

あれもこれもと、どんどん荷物が増えていく。気がついたら、カバンがぱんぱんです。

「もしかしたら必要かも……。とりあえず持って行こう」

そんな保険をかけた荷物で、カバンの中はいっぱい。これでは荷物が多すぎて、移動するだけで疲れてしまう。移動で疲れていたのでは、せっかくの旅行を楽しめません。

最終的には、直前に慌てて荷物を減らします。旅行も出張も毎回これです。

旅行にしても出張にしても、今までの経験からいえることは、「保険で持って行った荷物は、95%以上使わない」ということ。もし必要になったとしても、現地で買うなり借りるなり、どうにでもなります。

ですから、保険の荷物は、結局役に立ちません。しかも、荷物が重たくなり、疲れ切ってしまう。役に立たないどころか、マイナスになるのです。これは本当に残念です。

実は最低限、必要なものだけの方が、ずっと旅行は楽しめるのです。

これは、天職・やりたいこと探しにも、同じことがいえます。

仕事選びを考えるとき、

「この仕事を続けながら、あの資格をとって、あのセミナーにも出て……。それから、念のために、あれも勉強して……。でも、それだけじゃなく、万が一の時のことも考えて、あっちの方面も考えておこう。ああ、これを全部やるのはとても無理だ。でもどれも捨てられない。これでは、結局何も選べない!!」

仕事の選択肢に保険をかけすぎてなにも選べない。または、たくさん選択しすぎて、結局、中途半端になっている。こういう相談は、とても多いのです。

でも、これは決して、安易に責められません。

なぜなら、僕たちは、不安だからこそ保険をかけたくなるものです。

でも、保険の選択肢が多すぎて、何も選べない。たくさん選んだところで、何も実ることがない。これではあまりに残念です。

それならいっそのこと、本当に大事なことに絞りあれもこれもと考えない！　そうすると、ずっとスッキリ道が見えます。

ほとんどの人にとって、本当に大事なものは、一つか二つです。

それ以外の選択肢は、思い切って捨ててしまう。旅行の荷物も、仕事の選択肢も同じです。

いらない選択肢は、役に立たないどころか、マイナスになるのです。

最低限、必要なものだけの方が、ずっとうまくいく。

思い切って、不必要な選択肢、捨ててみませんか？

そのほうが、天職・やりたいことは、見えてきますよ。

好きなこと＝あなたの「夢」

「夢」をゴミ箱に捨てていませんか？

先ほどお話ししたミラクルクエスチョンをやってみると、自分の中に封印していた「やりたい仕事」が見えてきます。

でも、ほとんどの人はミラクルクエスチョンの話をすると、こういいます。

「たしかにいいたいことはわかるけれど、現実はそんなに甘くない……。子どもじゃないのだから、そんな夢みたいなことはいっていられない！」

そういいたい気持ちは、僕にもよくわかります。僕自身、「この歳になって、カウンセラーになんてなれるわけがない」と思っていましたから。

こう思ってしまう理由は、**その仕事をしている自分を明確にイメージできないことが原因**です。

その仕事に就くイメージを持てないから、「その仕事に就けたら嬉しいけど、実現す

ると は思えない。それに自分の歳では、もう間に合わないに決まっている」と思ってしまい、自分の中のなりたい仕事リストから、その仕事をはずしてしまいます。

たしかに、好きな仕事をして成功することは、そう簡単ではないかもしれません。そういう意味では、好きなことを仕事にするのは、まさに「夢」を叶えること、そのものだともいえます。

「夢」を叶えるというと、とても大変なことのように感じてしまうかもしれませんね。だって、「夢」をかなえるためには、とても面倒でおっくうなことをやらなければなりません。たくさんの努力も必要です。

不安で足がすくんでしまい、「どうせ無理に決まっている」、「リスクが大きすぎる」、「自分なんかにできるはずがない」なんて、あきらめる言葉が浮かんでしまいます。

そうしてほとんどの人は「夢」を目の前にすると、「こんな現実的でないものは役に立たない」といって、ゴミ箱に捨ててしまうのです。

大好きなことをしている人は輝いている

でも、思い出してください。あなたは何のために、好きなことを見つけたいと思ったのでしょうか？

「今の自分の人生は、本当に幸せだといえるのだろうか？　たった一度の人生、後悔しないように充実した人生を送りたい。そのために、本当に好きなこと、心から夢中になれる仕事を見つけたい！」

そういう思いから、好きなことを見つけたいと思ったはずです。

「好きなことを仕事にするために、奔走している姿」

「ワクワクしながら好きなことを仕事にし、輝いている姿」

そんな「夢」に向かってがんばっている誰かの姿がまぶしくて、あなたもあんなふうに「ワクワクしながら輝きたい」と思ったのではないですか。

「夢」を実現するには努力も必要です。何かほかのものを捨ててでもがんばらないと、手に入れることはできません。友達と遊ぶのを我慢したり、欲しい服を買うのを我慢する。そうやって、何かほかのものを犠牲にしてでも実現したいのが「夢」。本当に一生懸命にならないと、簡単には実現できないところに、その本質があります。だからこそ、「夢」に向かってがんばっている姿は、まぶしく輝いているのです。

そもそも、リスクも努力も必要のない、そんなに簡単に実現できる「夢」が、あなたを輝かせることができるでしょうか。

好きなことを見つけることができない人は、簡単に実現できないという理由で自分の「夢」をゴミ箱に捨ててしまいます。これでは、なりたい仕事を見つけたとしても、その都度、その「夢」をゴミ箱に捨ててしまうだけです。

あなたには「夢」がある

好きなことを見つけた人とは、自分の人生を充実させるために本当に必要なことは何かを真剣に考え、「夢」を捨てず、不要なものを捨てた人です。好きなことを見つけるためには、「夢」を捨てるのではなく、友達と遊ぶことや、服を買うことを捨てる必要があります。

こんなことをいうと、「僕にはとてもできるわけがない。やっぱり僕には好きなことなんて見つけることができないんだ」と思われるかもしれません。

たしかに人は、そんなに簡単に変われるほど強いものではありません。今までずっと〝今〟の楽しみを優先してきたのに、ある日、突然、「夢」を叶えるためにがんばるなんてできないかもしれない。そんな弱いところがあるのも人の本質だと思います。

ですが、「夢」を捨ててしまう人も心のどこかで、
「本当にこの『夢』を捨ててしまっていいのか?」
「いつかは『夢』に挑戦しないと後悔するのでは?」
と思っています。

どんなに無謀なことに思えても、いつかは、やりたい仕事＝「夢」に向かって走り

出さなければ、あなたの人生はいつまでたっても変わりません。

そして、それを誰よりもよくわかっているのは、あなた自身だと思います。よくわかるからこそ、自らの人生にどこかむなしさを感じ、好きなことを見つけたいと思ったのではないでしょうか？

もし、あなたが自分の人生に、どこかむなしさを感じているのなら、どんなに無謀に思えても、「夢」だけは捨ててはいけません。「夢」を追いかけることなしに、自分の人生を充実させることは、できないからです。

すぐに行動できなくてもかまいません。

ただ、どんなに無謀に感じることであろうとも、「自分には『夢』がある」これをしっかりと意識すること。今のあなたにとっていちばん大切なことは、自分にも「夢」があると意識することなのです。

ですから、もう一度聞きます。

「もし今晩、枕元に神様が現われて、あなたがどんな仕事に就いたとしても、必ず成功すると約束してくれたとしたら、あなたはどんな仕事を選びますか?」

どうでしょう。目をそらさずに自分の夢を見ることができるでしょうか。

第3章

大好きな仕事に一歩踏み出す方法

「夢までの距離」と「やる気」の関係

「むかしから憧れはあったし、やってみたい気はする。でも、これを仕事にするのは、相当に大変なのではないか……。勉強したり資格を取ったり、独立も必要かもしれない。しかも、これで食べていける人は極わずか。失敗したら、時間もお金も無駄になる。

そこまでしてでも、やりたいことなのかな？　だからといって、他に興味があることもない。自分の気持ちに自信がなくて、どうしたらいいかわかりません」

僕のところへ相談にくる人の多くは、こういいます。この不安の裏には、「ほらいったでしょ？　考えが甘いのよ。そんな情けないことで、やりたいことだなんてよくいえたものね……！」といった世間の声があるのでしょう。

でもこんなことをいわれたら、誰でも不安になってしまい、自分の気持ちに自信をなくしてしまいます。人は弱いものです。

やりたいことなんて、誰でも最初は、「ちょっと興味があるかも……」程度の気持ちです。そんな、ちょっとした気持ちでいいのです。

ちょっと興味があることを実際にやってみる。やってみて楽しかったら、もっとやりたくなる。何度も楽しんでいるうちに、どんどん好きになってくる。そういう過程を経て、ちょっとの興味がやりたいことに成長する。そしてそのちょっとした興味や、ほのかな憧れの気持ちを、大事に育てていく。それが、やりたいことを見つけるということです。

やりたいことを見つけるとは、この「ほんのちょっと興味のあることを、本当にやりたいことになるまで大切に育てる」ということでもあります。

それを最初から、周囲の声を気にしていたら、何もできなくなってしまいます。

僕もそうです。

「カウンセラーという仕事は、どうも食べていけそうにない。やはり自分には、才能がないんだろうか……。こんなことで心が折れるなら、本当にやりたいことなんかじゃないのかもしれない……」

そうやって迷いがあるときは、やはり好きなことを楽しめない。そういう心境になっていました。ですから、そう悩むたびに一度肩の力を抜いて、心理学を楽しむことを思い出すようにしました。

天職・やりたいことを見つける最初の最初の段階では、

「ちょっと興味あるかも」

「こういう分野は好きかも」

「そういえば昔、憧れていた」

それくらい小さな気持ちで、十分なのです。「やりたいことなんだから、泣き言なんていっちゃダメ……」。そんな肩に力を入れず、もっと楽しんでみませんか？　楽しい気持ちからしか、天職・やりたいことなんて、生まれてこないのですよ。

自動的にやる気が湧くことはない

多くの人が勘違いをしているのは、

「好きなことを見つけたら、その瞬間から自動的にメラメラとやる気が湧いてきて、いつまでたってもなにも行動しなかった自分を勝手に突き動かしてくれるはず」

と思っていることです。

残念ながら、そんなことは絶対にありえません。人間には、好きなことがあっても、怠惰《たいだ》な気持ちに負けてしまう、そんな弱い部分があるからです。心理学者のマズローも、「成長への人間の本能は、強いというよりもむしろ弱いものである」といっています。

実際、「カウンセラーになるために、休みの日は資格を取るための勉強をしよう」と思っていても、おもしろいバラエティ番組をやっているとついテレビを見てしまい、気がついたら1日が終わっていたことが、僕にもよくありました。

人はなかなか自分を律することができません。だからこそ、自分自身のやる気をしっかりと育てる必要があるのです。

最初はあるのかどうかわからない、吹けば消えてしまうようなやる気でかまいません。時間をかけて少しずつ大きくしたやる気は、いつしか自分を律することができる、大きなやる気の炎に成長していきます。

いちばん重いのは最初の一歩

どんなに「好きなこと」を見つけても、見つけただけで気づいたら体が動いてしまうようなことはありません。

なぜなら、なりたい仕事が思い浮かぶたびに、資格を取ることの大変さや独立することの大変さなどに気がついてしまうからです。そのたびに、自分がやらなくてはいけないことの多さに圧倒され、やる気を失ってしまいます。

逆説的ですが、好きなことを見つけるには、それに見合うだけの人間にならなければなりません。つまり、ほんの少しでも興味があることに向かって一歩踏み出し、行動を積み重ねなければならないのです。

自分が変わることなく人生が好転するなんて、虫のいい話はありません。一歩踏み出すことなく、好きなことが見つかることもないのです。

「やりたいことが見つかったら行動しよう」ではいつまで経っても何も変わりません。「行動している人だからこそ、やりたいことが見つかる」と考えた方がよいでしょう。

やる気を出すためには、まずは一歩踏み出してみるしかない。そして最初の一歩を踏み出すことは、あなた自身の意思でしかできないのです。

でも、最初の一歩を踏み出すことがいちばん難しい。だからこそあなたも、踏み出すことができずにいるのですよね。

では、どうすればその一歩踏み出すことができるのか。そのために大切なことを、これからお伝えしたいと思います。

あなたを縛るロープは存在しない

細いロープをちぎれない象

好きなことに一歩踏み出せない人は、実は強烈な暗示にかかっています。その暗示の秘密がサーカスの象にあります。

象はとても大きくて力が強い動物なのにもかかわらず、小さな木の杭につないだ細いロープを足に結びつけておくと、逃げることはありません。象くらいの力があれば、簡単に引き抜いたりちぎったりできるのに……。なぜか逃げようとしません。

これは、子象のころにロープでつながれていた記憶が影響しています。

木の杭につないだロープを足に結びつけると、子象は逃げようとします。でも、まだ生まれてすぐの力が弱い子象の場合、小さな木の杭と細いロープでも逃げられません。だからサーカスでは、「ロープが足に結ばれるといくらがんばっても逃げられない」と何度も何度も子象に経験させるのです。

するとそのうち「どうせいくらがんばっても逃げられない。無駄な体力を使わないようにしよう」と思うようになります。そしてこの思いが大人の象に成長しても残っているのです。これを「学習的無力感」といいます。

子どものころに「いくらがんばっても無駄」という経験をすると、成長して力をつけたとしても「どうせ無理に決まっている」と、なにも行動しない無気力な性格になってしまうのです。

「どうせうまくいかない」は大人の刷り込み

「ちょっと力を入れれば簡単に逃げられるのに、逃げようともしないなんて、象ってバカな生き物だね〜」と思うでしょうか。

しかし、人も、サーカスの象とたいして変わらないかもしれません。むしろ人は、象よりもずっと賢く記憶力もよい分、悪いこともすぐに学習してしまうのです。

僕たちは子どものころから、何度も何度も失敗するという経験をしてきました。誰もが一度は、努力してもうまくいかない経験をしたことがあると思います。

また、スポーツ選手や芸能人になりたいと話し、まわりの大人、親や学校の先生、親戚から「そういうのは特別な才能のある人にしかできないんだよ。おまえには無理に決まっているよ」などといわれたこともあるでしょう。

世間の価値観からずれた「好きなこと」を口にすると、大抵の場合、大人から「危ないからやめておきなさい」、「もっと普通のことをしなさい」といわれます。残念なことに、大人というのは子どもより頭がよく経験も豊富なだけに、失敗する理由を見つけるのがうまいのです。

そういうことを何度も繰り返しているうちに、「好きなことなんて、特別な才能がある人だけがやることだ。自分は、どうせうまくいかない」と思うようになってしまいます。

でも、好きなことを見つけて「小さいながらも自分のお店を出した人」、「資格を取って、好きなことを仕事にできた人」たちは、「自分には特別な才能などなにもない。今までたしかに努力は必要だったけれど、それも、がんばれば誰でもできる小さなことばかりだった。ただ単に、自分にできる小さなことを、毎日一生懸命やってきただけ」

みんな口をそろえていいます。イチロー選手でさえ、「小さいことを重ねることが、とんでもないところに行くただ一つの道」といっています。

小さな行動でロープから自由になる

「最初の一歩を踏み出して、毎日、自分にできることをやり続ければいい」。

そんなことは僕がいわなくても、もうどこかで聞いたことがあると思います。

でも、見えない木の杭に「どうせ無理」というロープでつながれた僕たちは、逃げ出せないサーカスの象と同じように、最初の一歩をなかなか踏み出せません。

頭がいいがゆえに、「どうせ無理に決まっている」という大人たちの言葉を、鮮明に記憶してしまう。気がついたときには自分でも「どうせ無理に決まっている」という考えが染みついていて、自分の力を過小評価してしまい、なにも行動できない大人になってしまいます。

僕たちはサーカスの象を見たとき、「そんな細いロープなんか引きちぎって、すぐにでも逃げ出せばいいのに」と思います。

同じように「好きなことを仕事にする」という夢をかなえた人たちも、一歩踏み出せないでいる人を見て、「〝どうせ無理〟なんていう細いロープを引きちぎって、一歩踏み出せばいいのに」と思っていることでしょう。

実際、みなさんの足につながっているロープは、少し本気を出せば、簡単に引きちぎることができるはずです。あなたは物理的に縛られているのではなく、自分の心に縛られているにすぎないのですから。

本当に大切なのは、才能があるかどうかではありません。足に結んであるロープを、思い切って引きちぎるかどうかです。

なんでもいいので具体的な行動を始めること。

資格を取る勉強を始めるのでもいいでしょう。独立準備として本を読んだりお金を貯めたりするのもいいでしょう。小さなことでかまいません。今すぐに始められることを始めればいいのです。

一歩を踏み出せば、自分を縛っていたロープの細さに気づくかもしれません。

焦っても結果は変わらない

一歩踏み出そうとするときに、最も障壁になるもの。それは焦りです。

「もういい歳なんだから、ちょっとでも早く自分の道を決めないと」

「早く転職を決めないと、履歴書の空白期間が……」

そんな気持ちから、やりたいことを考えるときや、転職活動をしているとき、どうしても焦ってしまう。そしてちっともうまく進まない。

ほとんどの方がそんな経験をしています。

僕自身、20代半ばのころは、「早くやりたいことを見つけて、すぐにでも準備しなければ!!」、そんな焦りでいっぱいでした。

しかし、それから10年近くたち好きなことを仕事にした今思うことは、「焦る必要は全くない。焦ったところで逆効果」ということ。これは、車の教習所で習った、ある実験からも同じことがいえます。

その実験は、100キロの距離を、スピードを出して走った場合と、普通のスピードで走った場合で、到着までにどれだけ時間が変わるのかを見るのですが、結果は「大して変わらない」というものです。

僕は営業マン時代、よく車で長距離を運転しましたが、実体験でも大差ないように感じました。特にある程度の規模の都会では、急いでスピードを出しても、到着時間はほとんど変わりません。焦ってスピードを出したり、ほかの車を追い越したりすると、事故の確率が増えるだけ。そのリスクを考えると、たった10分早く着いても、デメリットの方が大きいのです。

更に、焦らずのんびり走っていれば、風景や音楽も楽しめます。焦っているときは、「ちっとも前に進まない!! 遅い車は邪魔だから、ちんたら走るんじゃない！」とイライラして、ストレスが溜まるのです。

結局、焦ったところで、ストレスが溜まって、事故のリスクが増えるだけです。よいことなんて、何もありません。

天職・やりたいこと探しも同じこと。やりたいことが見つからないと、つい焦ってしまいます。

「ちょっとでも早く、やりたことを見つけないと、間に合わなくなってしまう！」

「あと少し歳をとると、転職できなくなってしまう！」

でも、車の運転と一緒で、焦って急いだところで、結果は大して変わりません。

それどころか、焦っているときは、

「これで食べていけるの？　これを仕事にするには、いろいろ勉強するのにものすごく時間がかかる。そこまでして、本当にやりたいことなの？」

そう思ってしまい、好きなことも楽しめない。楽しくないのだから、やりたいことも見つからない。それどころか、焦って無理に転職をし、

「また同じような会社に転職をしてしまった。これでは、同じ失敗の繰り返しだ」

となってしまうこともあるのです。

転職を考えているとき、やりたいことを見つけるとき、あせる気持ちは、とてもよくわかります。僕自身、ものすごくあせりましたからね。

でも、車の運転と同じです。あせったところで、結果はほとんど変わらない。風景を楽しめるくらい、余裕を持っていたほうが、うまくいくのです。

がんばっても変われない理由

変わらないことで自分を守る

ダイエットや勉強をしようと思って挫折したことはありませんか？　僕は今まで何度も挫折してきました。

「あと5キロは痩せなければ……」

「もっと勉強しないと合格できない！」

人はよい変化だと頭ではわかっていても、なかなか変わることができない生き物です。なぜ変わることができないのでしょうか。それは、そこに**「抵抗」と呼ばれる心の働きがあるから**です。

今日からダイエットをしようと決意したのに、「やっぱり明日からにしよう」と食べてしまう。8時になったら勉強しようと思っていたのに、ついテレビをダラダラ見てしまう。これらはすべて「抵抗」のしわざです。

「抵抗」は、あなたが変わろうとするたびに、それを阻止しようとします。あなたの心の中に、一度決めた志を破ってしまうような誘惑を湧きあがらせ、いろいろないい訳を考えさせるのです。

なぜ「抵抗」は、あなたが変わるのを阻止しようとするのでしょうか。それは、あなたの身を守るためなのです。

強く願うとうまくいかない

原始時代、人間にとっていちばん大切なことは、身の安全を守ることでした。毎日ご飯を食べることができて、猛獣に襲われない。それがいちばん重要なことだったのです。

身の安全を守るためには、今までやって安全だったこと、つまり、今までと同じ生活を繰り返すことがもっとも確実です。いつもと違う場所に行くと猛獣に出会ってしまうかもしれません。いつもと違う時間に起きると暗闇に迷ってしまうかもしれません。いつもと違うものを食べると毒にやられてしまうかもしれません。

原始時代には、毎日同じ場所で生活し、同じ時間に起き、同じものを食べるなど、同じことを繰り返すことが生き永らえる鉄則でした。新しいことに挑戦しようとする人ほど短命で、毎日同じことを淡々と繰り返す人のほうが長寿だったのです。

そういう消極的な人どうしが子どもをつくり、またその子どもたちが子どもを生むことで、今の僕たちがいます。僕たちの遺伝子の中には、「今までと同じことを繰り返したい」という強力なプログラムが組み込まれているのです。

このプログラムは、自分の身を守るためのもの。でもそれが、自分を変えたいと思っている僕たちにとって、とても大きな障害になってしまいます。

たとえばあなたがダイエットをしようとするとき、あなたの中の「抵抗」はこんなふうに考えています。

「ダイエット？　今まで太っているからって、本当に危険な目にはあわなかったじゃないか。もし痩せてしまったら、太っているから恋人ができないと言い訳することもできない。そうしたらどれだけつらいことが待っているのかわからない！　今までこうやって安全を維持してきたのだから、無理して変わる必要なんてない。今のまま、現状維持する方がもっとも安全なんだ」

「抵抗」はあなたの心の中の保守派です。今までと違うことをすること、つまり、自分自身が変わることを、もっとも嫌がります。

頭では「自分を変えたい！」と思っていたとしても、気づかないうちに抵抗が働きます。むしろ強く変わろうとすればするほど、それだけもとの自分に戻ろうとする力も大きくなるのです。「抵抗」とは無意識の働きなのです。

ですから、一生懸命ダイエットをして5キロ痩せたと思うと、リバウンドで6キロ太ってしまったりする。根をつめて徹夜で勉強をした次の日は、何もしたくなくなってしまう。

強く変わりたいと思えば思うほど、自分を変えるのは難しくなる。そんなふうに、人間の心はできているのです。

夢を叶えるために一歩踏み出すことは、人生にとって、とても大きな変化です。そんな大きな変化を「抵抗」が見逃すはずがありません。ですから夢を叶えるためになにかしようと思っても、「まあ、明日からでいいか」と「抵抗」に誘惑され、その明日がくることは永遠にありません。

今まであなたが変わることができなかったり、一歩踏み出すことができなかったりするのは、決してあなたが悪いわけではありません。

ただ単に「抵抗」の存在と対処の方法を、知らなかっただけなのです。

自分をだます「小さな一歩」

小さな変化が、大きな変化を引き起こす

それでは、どのように抵抗に対処すればいいのでしょうか。それは、大きな変化ではなく、できる限り簡単で小さな変化を起こすことです。

いきなり大きな変化を起こそうとすると、僕たちの無意識はびっくりして、より強い力で元の自分に戻そうとします。

先ほど説明したように、がんばってダイエットして体重を落とした後に、無性にたくさん食べたくなってリバウンドしてしまう。これが無意識の「抵抗力」なのです。

ですから、がんばっていきなり大きな変化を起こそうとすればするほど、僕たちの努力は無駄に終わってしまいます。

いつもの3倍勉強した翌日、まったくやる気がなくなり、その後3日間遊んで過ご

してしまったり、張り切って片付けをしたら、翌日から片付けをサボり余計に散らかってしまったり……。あなたも思い当たるのではないでしょうか？

いきなり大きな変化を起こすことは、誰にとっても難しいばかりか、反動で余計に悪くなることもあります。

ですから、僕たちカウンセラーは、よく極限まで簡単な宿題を出します。

「そんな小さなこと意味あるの？」というくらい、最初は小さな小さなことをやってもらいます。心理学では、小さな変化は必ず大きな変化を引き起こすと考えるからです。

毎日5分勉強した人は、そのうち一日30分の勉強が普通になってきますし、引っ込み思案でも人との出会いに慣れた人は、社交の場そのものに慣れてきます。気持ちのいい挨拶が普通にできるようになれば、雑談だってずっとしやすくなるのです。

実は僕がカウンセリングを学び始めたころは、二つのルールを作っていました。

心理学の本が難しくて、なかなか勉強が続かないことがあったからです。

そのルールとは、「読まなくていいから、いつもかばんの中に本を入れておく」ことと「本屋で立ち読みをして、面白いと思った本しか買わない」というものです。

「これくらい簡単な目標であれば、今の自分にも精神的に何の苦痛もなく、始めることも続けることもできる」

そう思って目標を立てました。これなら絶対できます。

自分が面白いと思う本だけでいいし、なんせ読まなくてもいいのですから。

すると不思議なことに、電車の中で暇になったとき、かばんの中に本が入っていると、つい本を開いてしまいます。そしてその本が自分にとってわかりやすく、面白くて興味があるものなら、自然とずっと読み進めることができます。

もちろん、怠け者な僕のことですから、それでも本を読まない日もありました。そんな日は、

「とりあえず、かばんの中に本を入れる目標は達成しているから、今日のところはよしとしておこう」

と自分を責めないようにするのです（自分を責めないことも大切なポイントです）。

電車の中も、ランチを食べるときも、かばんの中にいつも面白い本がある。すると本を読むのが遅い僕でも、一週間もたたないうちに読み終えてしまいました。一冊読み終えたら、ちょっとうれしい。そこでまた、会社の帰りに大型書店に行って立ち読みし、面白かった本を買ってかばんの中に入れておく。

それを続けるうちに、少しずつ知識がたまり、次第に今まで理解できなかった本でもわかるようになりました。

意味がわかるにつれ、どんどん面白くなってきて、一年後には難しくてあきらめていた専門書も、面白さがわかるようになっていたのです。

このころになってようやく、

「自分はやっぱり心理学やカウンセリングが好きなんだ」

と、自信を持てるようになったのです。

わからなかった難しい本の面白さがわかるようになると、それを人に伝えたくなり、話をして面白がってもらえると、もっと学びたくなりました。

そうやって知識が増えると、カウンセリングの実技も学びたくなり、実技を学べば、実際にカウンセリングをしたくなります。最初は同僚や友人のグチなどを、勝手に聞いているだけでしたが、やぱり本当のクライアントを持ってみたい。

そうやって、小さな小さなことからはじまった行動は、だんだん大きくなっていったのです。

この過程を、心理学の用語では「スモールステップの原理」といいます。

大切なことは、まずは変化を恐れる僕たちの無意識を変化に慣れさせることです。

そのポイントは、「小さな行動」、「楽しい行動」、「毎日できる行動」の三つです。

少しずつ、小さなことからコツコツと始めること以外に、自分の人生を変える方法はありません。

もしあなたが今、本当にやりたいことかどうか自信を持てず、やりたいことに挑戦することを怖がっているのなら、まずは意味がないくらい小さな変化を、起こしてみませんか？

心の安全基地を作ろう！

それでも、「やっぱり失敗するのが怖くて、どうしても一歩踏み出せません」とおっしゃる方もおられます。そんな人に聞いてほしい話があります。

精神分析家ジョン・ボウルビィの「愛着理論」というものです。母親に抱っこをせがんだり、しがみついたり、接触を求める子どもほど冒険心が強いという理論です。

子どもはとても弱い存在ですし、子ども自身も本能的に、自分が弱いことをよく知っています。初めて見る物や初めて会う人は、危険な場合もあることをよくわかっています。

でも、

「何かトラブルがあったとしても、きっと母親が自分を守ってくれるはず」

と信じられる子どもは、新しいものに触れる勇気を持てるのです。子どもは母親という安全基地があるからこそ、少しずつ外の世界に冒険していけるのです。

これを幼児の心理学を研究したアメリカの発達心理学者メアリー・エインズワースは、「心の安全基地」といいました。

子どもは冒険好きといいますが、「何かトラブルがあったらもうおしまいだ」そんな環境ではいくら子どもでも、冒険することはできません。母親がいれば大丈夫だという安心感があるから、子どもは冒険できるのです。

これは大人にも、まったく同じことがいえます。

「やりたいことに挑戦したいけど、失敗したらよい転職がもうできないかもしれない……」

そういう不安は、誰しもが持つもの。それは決して心が弱いからではありません。自分の知らない領域に挑戦することは、怖くて当然なのです。

だから誰でも、新しいことに挑戦するときは、「心の安全基地」が必要なのです。

ある人は、「300万円あれば、一年くらいは何とかなる」という貯金が「心の安全基地」かもしれません。ある人は、「貧乏でも、あなたらしく生きているほうが、私にとっても幸せよ」と、自分を愛してくれるパートナーの存在が「心の安全基地」かもしれません。

100人いれば100通りの、「心の安全基地」があるはずです。

僕自身は独立するときに、

「一歩踏み出して挑戦したこと自体が、ずっと勇気を持てなかった自分より成長したという証拠。少しでも成長するのであれば、失敗してもいいからやってみよう。もし失敗したとしても、アルバイトでも肉体労働でも何でもすれば、食べていくくらいなんとかなるはず。とにかく現状維持よりはずっとマシ」

その考え方が「心の安全基地」でした。

しかし、この話をするとこういう人がいます。

「確かに食べていくくらい、なんとかなるかもしれない。失敗しても、前に進んだ分は成長したのかもしれない。それでもやっぱり私には、やりたいことに挑戦するのはすごく不安だし、とても一歩踏み出せそうにない」

確かに、不安な気持ちになっているときには、「失敗しても何とかなる」とはなかなか思えないかもしれません。それに、「心の安全基地」だけで、不安な気持ちがすべてなくなるほど、人間の心は簡単ではないでしょう。だからあなたが不安で動けなくなるのもよくわかります。

でも、少しだけ考えてみてください。

子どものときのことを思い出してみると、大好きな母親が守ってくれていたとしても、知らない人との挨拶や初めてのお使いは、やっぱりすごく怖かったはずです。でも、不安で胸がいっぱいになりながらも、知らない人に挨拶もしたし、なんとかスーパーで買い物ができた。そうやって恐る恐る一歩を踏み出したから、あなたは大人になることができたのです。

「心の安全基地」があっても、新しいことに挑戦するときは、不安な気持ちでいっぱいになって当然です。

だから、不安は不安なままでいいのです。不安なまま動けばいいのです。バリバリ行動しているように見える人達も、最初は不安な気持ちを抱えたまま動き出したのです。

不安でどうしても動けないとき。そんなときは、自分を安心させる、あなたにとっての安全基地を心で念じてください。

そして、もし不安に震える足を一歩踏み出すことができたとき、今までより、ほんの少し、自分を好きになっているはずです。

「あら、おりこうさん。大きくなったわね」

そんなふうに褒めてくれる人はもういないかもしれませんが、誰かに褒めてもらわなくても、一歩踏み出した自分のことを、ちょっとだけ好きになれるはずです。

不安なまま一歩踏み出すことができたら、ぜひ自分で自分を褒めてあげて下さい。

確信はなくていい

「好き」や「楽しそう」を少しずつ積み重ねる

「出会った瞬間にビビッときました」

ちょっとむかしの話になりますが、歌手の松田聖子さんが結婚したときの言葉です。

これってなんかすごいです。

出会った瞬間にビビッとくるなんて、すごい情熱的な恋愛になる気がします。そんな相手と結婚したら、ものすごく幸せになれそうです。誰もが、できることならビビッとくるような情熱的な結婚・恋愛をしたいと思います。

でも、その思いが強くなりすぎて、「ビビッときた人としか恋愛も結婚もしない！」になると、ほとんどの人が永遠に結婚できません。

実際のところ、ビビッときた瞬間に結婚しようと思う人なんて、1万人に1人もいないのではないでしょうか。ましてや、その結婚が長続きするなんて、100万人に1人もいないでしょう（松田聖子さんもその後、離婚してしまいました）。

ほとんどの人の恋愛のパターンは、出会った異性によい印象を持ち、その人と何度も会ううちによい印象がさらに深まり、恋愛感情を持って交際が始まり、ある程度長く付き合ううちに、この人と結婚しようと決意するパターンです。

心理学では『単純接触の法則』といって、よい印象を持っている異性に何度も会うと、より強く好意を持つようになり、何度も会っているうちに、どんどん好きになっていくと考えます。同じ人と何度も会うことで恋愛・結婚へと発展するのです。

天職・やりたいこと探しにも同じことがいえます。

出合った瞬間に「これこそ私の天職に間違いない！」とビビッとくる人なんて、ほとんどいません。

好きなことを見つけた人が、それに出合った瞬間に感じたことはほとんどの場合、「ちょっとおもしろそうかも。この仕事をやってみたいけど、私にこんな仕事ができるだろうか」

程度の小さな気持ちです。たぶん、これを読んでいるあなたも同じように感じているのではないでしょうか。

でも、好きなことを見つけ、仕事にしていく人たちは、『単純接触の法則』を忘れません。好きだと感じたこと、おもしろいと思ったことを、誰かに強制されて嫌々やるのではなく、自分がいちばん「好き」、「おもしろい」と感じられる方法で、何度も何度も繰り返すのです。

プロ野球のイチロー選手や松井選手だって、野球に出合った瞬間にビビッときたわけではありません。野球が好きで野球を続けているうちに、野球を好きになりすぎて離れられなくなったのです。

ビビッとくる異性が現われるのを待ち続ける人は、永遠に結婚することができません。ビビッとこなくても、少しずつ愛を積み重ねることで強い絆の夫婦になる人はいくらでもいます。むしろそういう人たちのほうが圧倒的に大多数でしょう。

同じように、出会っただけで人生を変えてくれるような、ビビッとくる仕事が現われるのを待っていては、きっと永遠に天職や好きなことは見つかりません。

それどころか、どんな仕事に就いたとしても、「きっとどこかにビビッとくるものがあるはず」と思い、今の仕事を楽しめません。

「好き」、「おもしろい」なんて、最初は小さくてもいいのです。

その気持ちを積み重ねることができれば、それはいつか「これしかない！」といえるものになるはずです。

自分の「好き」を大切にする

「好きというだけで、おもしろそうというだけで、それを仕事にしてしまっていいのだろうか」

好きなことが見つかりそうなとき、誰しもこんな不安が頭の中をよぎります。

「好きというだけで、それを仕事にしようなんて、自分の考えは甘すぎるのではないだろうか。好き、憧れという気持ちだけでなく、しっかりと稼げる安定した仕事に就かなければ」

最近の、利益や効率ばかりを追い求める世知辛い世の中に生きていては、そんな思考になってしまうのも無理はありません。

でも、お金や安定だけを求めて仕事を選ぶと、いくら稼ぐことや安定することができても

「自分の人生ってこれでいいのかな?」

と心の中にむなしさが残ってしまいます。あなたはそのむなしさをなくすために、好きなことを見つけようと思ったはず。

先にも述べましたが、心理学的にも脳科学的にも、好きという気持ちがもっともモチベーションを高めることは証明されています。好きだけでそれを仕事にすることは、

誰がなんといおうと悪いことではありません。

もしあなたが、ほんの少しでもやってみたい仕事を見つけたのなら、好きという気持ち、おもしろそうという気持ち、その気持ちをいちばん大切にしてください。

ビビッとこなくていいんです。

好きだからというだけの理由でいいんです。

やってみたいことを思いっきりやってみてください。それがいちばん後悔しない生き方ですよ。

「いつか」のタイミング

金貨が増える魔法のお財布

好きなことはあるけれど、なかなか一歩踏み出せない人に、聞いてほしいお話があります。ロシアの作家・クルイロフの魔法の財布の話です。

ある男が魔法使いから魔法の財布をもらいました。財布を開けると、中に金貨が入っています。その金貨を取り出して、もう一度財布を開けると、なんとまた金貨が入っています。

男が何回、財布を開けても、そのたびごとに金貨は増えていきます。さすがは魔法の財布。男は大喜びです。

しかし魔法使いはいいました。

「その財布があれば、いくらでもお金は増える。でも、そうやって増やしたお金は、その財布を捨てるまで使うことができない。財布を捨てれば自由にお金を使えるよ」

男はお礼をいって、さっそく何度も財布を開け、金貨を増やしていきます。それからというもの、男は毎日、一日中、金貨を増やす日々。何百枚、何千枚、何万枚と、いつまでも金貨を増やし続けました。

働かないから、パンを買うお金もない。増やした金貨はまだ使えない。貯金を崩してパンを買う日々。そのうち貯金も尽きてしまいました。それでも男は飢えを我慢しながら、財布を開けて金貨を増やします。

さすがにおなかが減って、「もう十分、金貨は貯まった。そろそろ財布を捨ててもいいだろう」と思い、財布を川に捨てに行きました。しかし川に着いて、さあ財布を捨てようというとき、「やっぱり、あと少しだけ金貨を増やしてからにしよう」と思ってしまいます。

男は家に帰って、ふたたび財布から金貨を増やす日々。そしてついに、たくさんの金貨に囲まれて、部屋の中で餓死してしまいました。

さて、このお話を聞いてどう思われたでしょうか。「なんてバカな男なんだ」と思う人もいるかもしれません。

でも僕は、この男の気持ちがよくわかります。将来への不安は、いくら準備があっても消えることはないからです。

「これだけの準備がそろえば安心できるはず」と思っていても、いざその準備ができてしまうと「もう一つだけ資格を取って、あと少しお金が貯まったら」と思ってしまう。

実際、カウンセリングの相談者や僕の周囲の人を見ても、僕から見ればたくさんお金と資格を持っているのに、なにも始めない人がほとんどです。

いくらしっかり準備をしても、「これだけあれば絶対に大丈夫！」と思える準備はできません。完璧な準備など存在しないのです。

魔法の財布の男を、僕たちは責められないのです。

「あと少しだけ……」がタイミング

魔法の財布の男が、お金を貯めているうちに飢え死にしてしまうように、好きなことを行動に移さないまま人生を終えてしまう人が、この世の中のほとんどでしょう。「思いついたら即行動！」なんて息が詰まることをいいたいのではありません。しっかりと準備をすることも、ときにはうじうじと悩むことも、その人の心にとっては大切な時間。

突っ走るばっかりで、立ち止まり考えることなしでは、納得できる生き方なんてできません。うじうじとどうしても行動できないのは、「今は立ち止まってゆっくり考えなさい」という無意識からのメッセージのときもあるのです。**「即行動！」ばかりが正しいわけではありません。**

人には、その人のペースやタイミングがあります。自分自身のペースやタイミングを感じることは、「即行動！」より大切です。実際、カウンセリングの場面でも、問題解決のスピードやタイミングが速すぎて、それが逆にストレスになり失敗することもあります。

でも、もしあなたが、「私はいつまでたっても一歩を踏み出せない。いつかは一歩を踏み出さなきゃいけないのに」と思っているのなら、話は別。

「やっぱり、あと少しだけ……」

とあなたが思ったとき、それはきっと出発の合図です。

「やっぱり、あと少しだけ……」

と思うなら、もうある程度の準備は済んでいるということ。完璧な準備など存在しません。あとは走りながらでもなんとかできるはず。

「やっぱり、あと少しだけ……」

あなたがそう思ったときこそ、出発のタイミング。魔法の財布の男は、そのことを教えてくれたのだと思います。

第 4 章

大好きな仕事で生きていく

失敗することから始めよう

雪の上でおもいっきり転んでみる

もうずいぶんとむかしのことですが、高校生のときの修学旅行でスキーをしました。大阪生まれ大阪育ちの僕にとって、雪山もスキーも初めての体験（スノーボードじゃないのが時代を感じます……）。

ひと通り板のつけ方などを覚えたあと、さっそくリフトに乗って初級コースの、ある程度の斜面のところまで登り、ワクワクしながら斜面をながめた時……。

「え？　こんなに急な斜面なの!?　怖い！　きっとすごいスピードが出て、転んだらすごく痛いに決まってる！　怖くてとても滑れない！」

そんな僕の気持ちにはおかまいなく、インストラクターの指導のもと、一人ずつ順番に滑っていきます。もうすぐ僕の順番。友達の前でかっこ悪いことはしたくない。勇気を出して滑り出し、教えられたばかりのボーゲンを必死にやろうと気合を入れた瞬間、僕が思っていたよりもはるかに速いスピードが!!

「あぶない!!」

と思ったときにはもう遅く、運動神経の悪い僕は、思いっきり顔から転んでしまいました。かっこ悪い……。

でも、そのとき一つ、気づきました。

顔から突っ込んでも、ぜんぜん痛くないということです。

大阪育ちで雪山というものを知らなかった僕にとって、雪の上で転んでも痛くないというのは発見でした。

「転んでも痛くない。それどころか、雪の上では転ぶのも気持ちいい」

それに気づいて余計な力が抜けたのか、急にうまく滑れるようになりました。けっきょく修学旅行のうちに上級コースまで滑れるようになったのです。

失敗したら人生終わり？

初めてのスキーで「転んだら痛そう」という恐怖を感じたのは、僕だけではないと思います。でもこの恐怖、これはただの思い込みですよね。

人間は、間違った信念や考え方をしていると、できごとに対して、ふさわしくない感情を引き出してしまいます。この間違った信念・考え方のことを心理学者のアルバート・エリスは『イラショナルビリーフ』と名づけました。

僕のスキーの場合だと、

すごいスピードで雪の上で転ぶ（できごと）

痛いに違いない（間違った信念、考え方）

▼

スキーは怖い（現実にふさわしくない感情）

となっていたのです。

しかし実際に転んだことで、「雪の上で転ぶと痛い」という考え方を「雪の上では転んでも痛くない」と修正でき、その結果、スキーが怖くなくなりました。つまり、

すごいスピードで雪の上で転ぶ（できごと）

▼

転んでも痛くない（現実的な考え方）

▼

スキーは楽しい（現実的な感情）

となったわけです。

最初の段階で雪の上では転んでも痛くないということに気づかなければ、修学旅行のうちに上級コースまで滑れるようにはならなかったと思います。

実はこれ、夢を叶えることにも、同じことがいえます。

「やってみたい仕事、挑戦したい仕事がある。でも失敗するかもしれない。失敗したら再就職できないだろうし、友達や周囲の人にバカにされるかもしれない。きっと私の人生はダメになってしまう」

そんなふうに考えて、結局何もしないまま終わってしまう。

これは、なにかに挑戦して失敗するという経験が乏しいために、必要以上に失敗を怖がってしまうからです。僕が初めてのスキーを怖がったのと同じで、初めてなにかに挑戦するのが怖いのです。つまり、

なにかに挑戦して失敗する（できごと）

失敗したら人生ダメになる（間違った信念、考え方）

これは私にはできないことだ（現実にふさわしくない感情）

となっているわけです。

でも実際には、夢に挑戦して失敗しても、それだけで人生がダメになってしまうことなんてありません。失敗したからといって死んだりすることはまずないし、がんばったあなたをバカにする友達は、もともと本当の友達でないのかもしれません。

むしろ、なにかに挑戦したことがいい経験となって、その後の人生が豊かになったり、真の友人を得たりすることが多いのです。

あなたのまわりにも、夢に挑戦して失敗したけれど、今はまた別の人生を楽しんでいる人が、一人くらいはいるのではないでしょうか。

なにかに挑戦し、失敗する。それを何度か繰り返すと、失敗が怖くなくなってきます。それは、間違った信念、考え方が修正されて、

なにかに挑戦して失敗する（できごと）

▶

失敗しても人生もう一度やりなおせる（現実的な信念、考え方）

▶

いろんなことに挑戦したい（現実的な感情）

となるからです。

ロバになってはいけない

何かに挑戦すれば、失敗する可能性があります。だからなかなか動き出せない。そ

れは誰にでもあることです。そんな人に知ってもらいたい、ちょっと面白いロバの話があります。

あるところに、お腹を空かしたロバが、エサを探していました。そしてロバは、同時に二つ、エサを見つけます。右のエサも左のエサも、同じくらいおいしそうで、同じくらいよい香り。まったく同じ量で、同じくらいの距離にあります。

さて、右のエサにするべきか？　左のエサにするべきか？

優柔不断なロバは、いつまでたっても決められず、最後は飢え死にしてしまいます。

これは、ビュリダンという哲学者の有名なたとえ話です。

バカなロバだと思うかもしれませんが、僕たちはこのロバをバカにできません。僕自身、「やってみたい。興味はあるのに、勇気が出ずに行動できない……」。そんなことは何度もありました。そんな時の僕たちは、このロバと同じなのかもしれません。片方を選んだあと、もう一方を選んでいればと後悔したくない。そんな不安があるからこそ、何も行動できず時間だけが過ぎてしまう。

転職のための準備、資格のための勉強、独立のための行動、「もっと早くから、さっさと行動してれば、もっとうまくいったはずなのに……。怖いからって何もしないでいる間に、チャンスを逃してしまった」。そういうことは、誰でも一度や二度はあるはずです。

行動できないと、確実に僕たちの人生に、マイナスの影響があります。それは、間違いありません。にもかかわらず、行動できない悪い習慣を、ほったらかしにしてしまう。

つまり、ロバも僕たちも、「行動しないことが、どれだけ大きな損失を生んでいるか？」を真剣に考えることができていないのです。

「行動しない損失」。これに真剣に取り組み、行動できる自分に変われば、人生に大きなプラスになります。

「今行動してないことが、どれだけ損失を生んでいるか」を一度、真剣に、考えてみてください。

あの世界のホンダの本田宗一郎さんも、「みんなが知らないだけで、自分の挑戦の99%は失敗だった」とおっしゃっています。さらに本田宗一郎さんは、「チャレンジして失敗することを恐れるよりも、なにもしないことを恐れろ」ともおっしゃいます。これってまさにロバのこと。ロバになっては、いけないのです。

あなたが、失敗するのを恐れてなにもしなければ、「私の好きなことはなんだろう」と、いつまでも永遠に悩むことになるでしょう。

そうして、なにもしないうちに人生が終わるより、失敗してもなにかに挑戦したほうがいいのではないでしょうか。

楽しみながら、努力は分割で

欲しいものに代償は必要？

20代半ばのころ、憧れだったＮｉｋｏｎの一眼レフカメラを買いました。安くなってきたとはいえ、高級な精密機器である一眼レフカメラは、そこそこの値段がしました。

ちょっと高いかなと思ったけれど、**本当に欲しいものを手に入れるには、このくらいの代償はしかたありません。**ローンで払えばなんとかなります。いいものを手に入れるには、それなりの代償が必要なのです。

それは、モノを買うときだけではありません。**何か欲しいものを手に入れようとすれば、必ずなにか失うものがあります。**

好きなことの見つけ方も同じ。好きなことを仕事にするためには、支払わないといけないものがあるのです。では、支払わないといけないものとはいったいなんでしょうか。

それは「努力」です。

好きなことを仕事にするのは不安です。好きなことを仕事にするということは、敷かれたレールの上の人生でもなく、ありふれたみんなと同じ人生でもない、自分の意志で人生を選び決定することになるからです。

それはつまり、失敗すれば全部自分の責任になるということ。こんなに怖いことはありません。なぜなら、なんのいい訳もできないからです。

「あのときは世の中みんなそうだった」

「会社や国はなんにもしてくれない」

「いわれたとおりにがんばってきた」

自分で選んだ人生に、そんないい訳はできません。そこで、その不安を乗り越え、失敗しないために、最大限の努力をする必要があります。

ですから、好きなことを見つけるための代償は、「努力」なのです。

今日払える分だけの努力でいい

こういうと、ほとんどの人が、

「最大限の努力なんて、私にはできない。そんな大きな代償はとても払えない。私は好きなことを見つけられない……」

と思ってしまいます。

でもそれは違います。

たしかに、やりたい仕事をしてうまくいかせるための「努力」という代償は大きい。それを今のあなたに、今すぐに支払いなさいといえば、無理かもしれません。今まで以上の、最大限の努力を急にできるようになんてなれません。

「努力」という代償は、毎日ほんの少しずつ支払っていけばいいのです。

今日1日の、ほんの小さな「不安」と「努力」。それを長い時間積み重ねて、やりたい仕事と交換していくのです。

僕が憧れのNikon一眼レフカメラをローンで買ったのと同じ。今のあなたに払える分だけの「努力」を、自分のペースで払い続ければいいのです。

それが「本を開くだけ」なら、それでいい。

「セミナーに通うだけ」なら、それでいい。

「1日5分だけの勉強」なら、それでいい。

今の自分にできる分だけの努力を、代償として支払っていけばいい。毎回の「支払い」はほんの少しでも、何年かかったとしても、積み重ねることによって、それは必ず大きな力になります。

今日払う努力、毎日払う努力は、ほんの少しでいい。そのことをよくわかっている人は、第一歩を踏み出す勇気を持てます。

努力はローンでいい。

毎日、ほんの少しずつのローンなら、好きなことのために、あなたも努力を支払っていけるのではないでしょうか。

続けさえすればいい

続けられない本当の理由

発明王エジソンの、有名な話があります。

エジソンは電球を発明するのに、2万回も失敗を繰り返したそうです。そのことについて、ある記者がエジソンにたずねると、エジソンはこう答えました。

「私は、1度も失敗したことはありません。成功しない方法を数多く発見しただけです」

さらに、「もし何度やっても成功しなかったら、今ごろなにをしていたと思いますか?」と記者に聞かれると、「成功するまで、実験を続けていることでしょう」と答えたそうです。

成功するために、もっとも大切なこと。それは継続することです。

成功者についての本や話はたくさんあります。

でも、たった1度の挑戦で成功した話は一つもありません。何度も何度も失敗と試行錯誤を繰り返し、やっとの思いで成功にたどり着く。どんな成功者も、必ずこの過程を歩いています。

成功するためには、継続することがもっとも大切。でも、この継続することが、なによりも難しいことなのです。なぜなら、長く続ければ続けるほど、失敗に終わったときの精神的ダメージが大きくなってしまうからです。

長く続ければ続けるほど、失敗したときの「ほらみろ、やっぱりダメだったじゃないか」という誰かのひと言に深く傷ついてしまいます。「長い時間を無駄にしてバカみたい」といわれると、なんだか自分の存在意義まで否定された気持ちになります。そのときの精神的ダメージは、本当に計り知れません。

ですから、大怪我をしないうちにやめておこうと、早々に引き上げてしまい、長く続けることができないのです。

批判されるのは「素晴らしい」証拠

でも、このダメージは、本当に失敗したことのダメージでしょうか。僕には、失敗したことではなく、誰かに批判されることによるダメージだと思えます。

人間は、自分の能力を認めてほしいという承認欲求を持っています。ですから、能力がない、役に立たないと批判されると、とても傷つきます。

そして悲しいことに、世の中には人を褒める人よりも、「あの人のここがダメ！」と批判ばかりする人のほうが多いのです。

誰かを批判するのは簡単です。完璧な人なんて、この世の中にはいませんから、その気になれば批判のポイントなどすぐに見つかります。

また、人間には引き下げの心理といって、自分より優秀な人を見るとつい批判したくなってしまう心理があります。自分より優秀な人を批判することで自分のプライドを守っているのです。

心理学では、人を批判してばかりの人は、自分に自信がない、劣等感の強い人だと考えます。一つのことを長く続ける人を「長い時間を無駄にしてバカみたい」と批判するのは、「私はやりたいと思ったことを、とことんやり続けたことがない」という劣等感を隠すためのものといえるのです。

「そんな劣等感の強い人からの批判は、気にすることはないよ！」といいたいところですが、やっぱり自分が批判されるのはつらいです。「他人のいうことなど気にするな！」というのは、ちょっと無茶なアドバイスかもしれませんね。

でも、仕事がうまくいかない時期に批判されたり、そのことで落ち込んだり、もうあきらめようと考えたりすることは、どんな成功者も経験していることなのです。

人生の価値を決めるのはあなた

継続することは、やはり少し難しいことかもしれません。我慢して好きではない仕事をしている人が多いため、「好きなことを仕事にしている」と、批判されることもあるでしょう。自分で自分に自信を持てないこともあると思います。

そんなときは、多くの成功者たちと同じように、落ち込んでもいいのです。

でも、落ち込んだときこそ、思い出してみてください。

「あなたはなぜ、それを始めたのでしょうか？」

理由は一人ひとり違うでしょうけれど、

「私が好きなことだから」

「誰かの役に立ちたいから」

「もっと成長したいから」

けっして誰かに褒められたいからではなかったはずです。

だとしたら、褒められなくても、認められなくてもいい。

あなたが大好きなことを納得できるまでやり続けて、それでもダメならそれでいいということです。

自分が納得できるところまでなにかをやり続けた経験は、あなたの人生を充実させるかけがえのない宝になります。

人生を満足できるかどうかは、成功したかどうかではありません。自分自身が納得できるまで、あなたが正しいと思うことをやり続けられるかどうかです。


人生の価値を、金銭や地位などの他人の評価で見てしまうと、人の批判が怖くなり、なにも続けることができません。でも、人生の価値を、自分自身の心の「充実」で見れば、人の批判はそれほど怖くなく、続けることに喜びを感じるはず。

「成功するかどうかを気にせずに、自分が納得できるまで、自分が正しいと思うことをやり続けた人」が、成功する人なのです。

才能を開花させる方法

やり続けた先に才能の花は咲く

「私は天才ではありません。
ただ人より長く、一つのことと付き合ってきただけです」（アインシュタイン）
「才能とは、情熱を持続させる能力のこと」（宮崎駿）
「才能とは、自分自身を、自分の力を信じることである」（ゴーリキー）

才能がなくても成功した人はいますが、なにかを始めることなく成功した人や、継続することなく成功した人は、一人もいません。

種をまかずに才能の芽が出ることは、絶対にありえません。水をやり続けなければ、どんな才能でも必ず枯れてしまいます。

生まれ持った才能があるかどうかではなく、「好きだと思うことを、ずっと続けられるかどうか」。それこそが、才能を手に入れるための、たった一つの方法です。

「才能のあることをやれば成功する」という考えにとらわれると、いつまでたっても自分の好きなことを見つけ、はじめることはできません。

好きなことをずっとやり続ければ、仕事にすることくらいはできるはずです。成功するかどうかを考えずに、とにかく好きなことをやり続ける。その先に必ず才能があります。

音楽でも、パソコンでも、デザインでもいい。仕事に結びつきそうにないものでもいいのです。やっていると楽しい、充実していると思うことを、とことん続けてください。そうすればいつか、あなたの好きなことを、あなたの才能だといってくれる人が出てきます。

才能とは、生まれ持った能力ではありません。種をまき、芽が出るまで水をやり続ける行為。それこそを才能と呼ぶのです。

まずは種をまくこと。それから水をやり続けること。

今のあなたに、それ以上にやるべきことが、あるでしょうか？

アドラー心理学の権威、W・B・ウルフは、こんなことをいっています。

「才能や天才というものは生まれつき与えられているものではない。これらは、並外れてすぐれた自己トレーニングと教育によって行われた、素晴らしい補償作用の結果である。もし才能を身につけたいのなら、人より1時間早く起きて行動しなさい！」

（『どうすれば幸福になれるか』〈一光社〉）

ウルフがこれをいったのは、今から70年も前のこと。70年前から才能を身につける方法は一つも変わっていないのです。

この言葉を聞いたあと、今日という日の1時間を、どんなことに使おうと思いますか？　スマホやテレビに使う時間を削って、才能の種をまき、水をやる時間に費やせるといいですね。

だってだってのおばあさん

とはいうものの、それですぐに行動できるかというと、そんなに簡単ではありません。僕のところに来る相談者さんのほとんどが、ほんの少し興味のあることや、やってみたいことがあっても、なかなか行動することができずに「今更はじめても遅いのでは……」とよくいいます。

それを象徴するおばあさんの物語を、ここでは紹介したいと思います。

98歳のおばあさんと、一匹の元気な猫の男の子が一緒に住んでいました。毎日釣りに出かける猫は、おばあさんも一緒に行こうと誘うのですが、「だって私は98歳だもの。98歳のおばあさんに魚釣りは似合わないわ」と断わられてしまいます。おばあさんは、豆をむいたりお昼寝をしたり。何度誘っても「だって私は98歳だもの」というばかりでした。

おばあさんの99歳の誕生日のこと。

おばあさんは、朝からおいしそうな誕生日ケーキを作りました。そして、猫にろうそくを99本買って来てほしいとおつかいを頼みます。

ところが、猫は、慌てておつかいに行ったため、買ってきたろうそくを川に落としてしまうのです。

猫は、泣きながらろうそくを5本だけ持って帰ります。おばあさんは、がっかりしながらも、「5本でもないよりマシ」と、ろうそくをケーキに立て、5つ数えてろうそくの火を吹き消します。すると、おばあさんは、なんだか本当に5歳になったような気分になりました。

次の日もまた、猫がおばあさんを釣りに誘います。おばあさんは、いつも通り「99歳だから」と断ろうとするのですが、前日のケーキのロウソクを思い出し、「だって、私は5歳だもの」といいました。そこで、自分は5歳なので断る理由はないことに気づきます。

「だって、私は5歳だもの……。あらそうね、5歳だから釣りに行くわ」

そういって、おばあさんは、猫と一緒に釣りに出かけるのです。

その後も、5歳のおばあさんは、川を飛び越え、魚を捕まえるなど、99歳であればやらなかったことをして、とても楽しくすごします。そして、

「ねえ、わたしどうして前から5歳にならなかったのかしら。来年の誕生日にも、ろうそく5本買ってきておくれ」

と、今まで年齢にこだわって楽しく生きるチャンスを逃していたことに気づくのです。


ここでは、概要しか紹介できませんが、佐野洋子さんの絵がついているこの本は、宝物になるいい絵本です。

興味がわいた方はぜひ『だってだってのおばあさん』(フレーベル館)を読んでみて下さいね。

手遅れになる年齢はない

心理学者のアドラーは、「(人が) 変わるのが手遅れになるのはいつだろうか」と質問され、「その人が死ぬ一日か二日前だろうね」と、答えたそうです。

仕事を変えようと思う時、年齢が気になるのは、自然なことかもしれません。

僕のところへカウンセリングに来る30代の人は、「ネットや雑誌で、30代が最後の転職と書いてるから……」といいますし、40代の人は、「この歳になって、好きなことを仕事にするなんて……」といいます。

なんと20代の学生ですら、

「やりたいことを仕事にするなんて、もういい歳ですから無理ですよね……。こういうのは中学、高校のときから準備して、専門学校や大学で勉強しないと無理ですもんね……」

といいます。

自分の生き方、働き方を変えようと思った時、年齢はやはり気になります。「こんな歳になって、今さら変われない……」と思ってしまいます。

でも、おばあさんは99歳になって変わります。それも、猫が持って帰ってきたろうそくが、たった5本しかないという小さなきっかけによってです。

このおばあさんの物語から、年齢にとらわれずに生きることを学ぶことができると思います。

あなたの考え方が正解か？

ここで、もう少し深くこの物語から学びたいと思います。それは、自分の考え方に疑問を持つということです。

僕たちが「だって」といいたくなるのは、年齢だけではありません。

「だって、私の学歴では無理だから……」

「だって、才能が必要な仕事だから……」

「だって、忙しくて時間がないから……」

学歴、才能、時間、年齢だけではなく、いろいろなことを理由に、「だって」といってしまいます。

「そんなの、できない理由を挙げてるだけだよ」というのは簡単ですが、いざ自分自身のことを振り返ってみると、やっぱり「だって」といってしまいます。

他人から見ればいいわけに聞こえるかもしれないけれど、当人にとっては十分に「だって」というだけの理由があるのです。

でも、大切なのは、その「だって」の理由が本当に正しいのかどうか、いつかは検証しなければならない時が来るということ。

もし僕たちが自分の「だって」に向き合わなければ、「だって、だって……」といいながら、100歳になって死んでいくのです。

人生というのは巨大な実験場のようなもので、長い時間培ってきた自分の思い込みに対して、ふと疑問符を持ちその考えを訂正しようとする瞬間があります。

「だって、わたしには無理だから……」

と思っていたことに対して、

「本当にそうなのだろうか？　一度、試してみないとわからないじゃない？」

と、冷静に自分自身の考えを検証しようと思った瞬間が、誰にでも一度はあると思います。

もしかするとおばあさんは、猫がたった5本しかろうそくを持って帰らなかった誕生日に、「98歳に魚釣りは似合わないわ」という考え方に、疑問符をつけたのかもしれません。

人は弱い生き物ですから、「だって、だって……」とできない理由を考えてしまいます。

でも、その一方で、「もしかしたら自分だって……」と、できる可能性がほんのわずかに心をよぎっている。そんな多面性があるのが、人の心だと思います。

おばあさんも「今からでも猫と一緒に魚釣りに行ってみると、気分のいいことがあるかもしれない」と、心のどこかでは感じていたのでしょう。

そして、実際に釣りに行ってみると、次々に楽しいことが起きて、最終的におばあさんは夢中になって魚釣りを楽しみます。

そう思ってこの物語を読んでみると、「だって、98歳だから……」という思い込みを持っていたおばあさんが、自分の考え方に向き合い、5歳として生きてみるという、一つの大きな人生の実験の話だということがわかります。結果、おばあさんの人生はずっと楽しくなったのです。

この物語を通して僕がお伝えしたいのは、この「自分の考え方に疑問を持つ」ということです。

お買い求めいただいた本のタイトル

■お買い求めいただいた書店名

（　　　　　　　　　）市区町村（　　　　　　　　　）書店

■この本を最初に何でお知りになりましたか

□ 書店で実物を見て　□ 雑誌で見て（雑誌名　　　　　　　　　）
□ 新聞で見て（　　　　　　新聞）　□ 家族や友人にすすめられて
総合法令出版の（□ HP、□ Facebook、□ twitter、□ メールマガジン）を見て
□ その他（　　　　　　　　　）

■お買い求めいただいた動機は何ですか（複数回答も可）

□ この著者の作品が好きだから　□ 興味のあるテーマだったから
□ タイトルに惹かれて　□ 表紙に惹かれて　□ 帯の文章に惹かれて
□ その他（　　　　　　　　　）

■この本について感想をお聞かせください

（表紙・本文デザイン、タイトル、価格、内容など）

（掲載される場合のペンネーム：　　　　　　　　　）

■最近、お読みになった本で面白かったものは何ですか？

■最近気になっているテーマ・著者、ご意見があればお書きください

ご協力ありがとうございました。いただいたご感想を匿名で広告等に掲載させていただくことがございます。匿名での使用も希望されない場合はチェックをお願いします☑
いただいた情報を、上記の小社の目的以外に使用することはありません。

郵便はがき

料金受取人払郵便

日本橋局
承認

7781

差出有効期間
平成29年2月
24日まで

切手をお貼りになる
必要はございません。

1038790

953

中央区日本橋小伝馬町15-18
常和小伝馬町ビル9階
総合法令出版株式会社 行

本書のご購入、ご愛読ありがとうございました。
今後の出版企画の参考とさせていただきますので、ぜひご意見をお聞かせください。

フリガナ お名前	性別 男・女	年齢 歳
ご住所 〒 TEL ( )		
ご職業 1.学生 2.会社員·公務員 3.会社·団体役員 4.教員 5.自営業 6.主婦 7.無職 8.その他( )		

メールマガジンにご登録の方から、毎月10名様に書籍1冊プレゼント!

メールマガジン「HOREI BOOK NEWS」では、新刊情報をはじめ、書籍制作秘話や、著者のここだけの話、キャンペーン情報など、さまざまなコンテンツを配信しています。

※書籍プレゼントご希望の方は、下記にメールアドレスと希望ジャンルをご記入ください。書籍へのご応募は1度限り、発送にはお時間をいただく場合がございます。結果は発送をもってかえさせていただきます。

ご希望ジャンル：☐ 自己啓発　☐ ビジネス　☐ スピリチュアル

E-MAILアドレス ※携帯電話のメールアドレスには対応しておりません。

「だって」に向き合う瞬間は必ずくる

自分の生き方に革命を起こしたくて何か行動しようとしても、なかなかすぐに動けるものではありません。

そこには今までお話ししてきたように、失敗する怖さや人と比べてしまう意識など、いろいろな理由が絡んでいます。

だからこそ、つい「だって」と、できない理由が瞬間的に頭の中に浮かんでしまいます。

でも、できない理由が頭に浮かんでくる自分を、責める必要はまったくありません。

なぜなら、人は弱い生き物で、乗り越えるべき壁に向き合う時、どんな人でもできない理由を考えてしまうものだからです。

「できない理由なんて考えるな！」なんて偉そうにいう人たちも、いざ自分自身のプライベートな問題にぶち当たったときには、必ず「だって」という言葉が、瞬間的に脳裏に思い浮かんでいます。

なぜなら、「だって」といわずに簡単に解決できるような問題なら、人生の乗り越えるべき壁とはいえないからです。

人生の乗り越えるべき壁とは、思わず「だって」が頭に思い浮かんでしまうほど、難しい問題であるというのが、その本質なのです。

だから、どんな人にも必ず「だって」といってしまうことはあるし、それは僕たちカウンセラーも、もちろん同じです。

そういう意味で僕たちは、例外なくみんな弱い生き物で、誰にもその弱さを責めることはできません。

自分で自分を責める必要はないのです。

ただ、いつか必ず「だって」に向き合う必要はあります。もし向き合えなければ、何もできないまま人生を終えることになります。

そして、「だって」と向き合うタイミングは、人それぞれなのです。

自分の考えに「？」をつけるタイミング

あなたが本書を手にしているということは、今の仕事に疑問を感じていたり、好きなことを見つめなおしたりしているということ。

つまり、「だって」と向き合うタイミングであるということです。

その「だって」に向き合う方法が、「自分の考え方に疑問符をつける」ということです。


「私の学歴では、あの仕事は無理だから？　本当にそうなのかな？」

「あの仕事は才能が必要？　でも、もしかしたら自分にも……」

「新しいことをする時間がない？　ではどうすればいいだろう？」

人は弱い生き物です。だから「だって」といってもいい。できない理由を考えてもいい。

でも、同時に自分の中に眠らせている、「もしかしたら自分にも……」という思いにも、同じ分だけ注目してあげてください。

「だって」にばかりとらわれていては、あなたの中に眠る可能性が、不公平感を感じていることでしょう。

ありのままの自分を受け入れるとは、「だって」といってしまう弱い自分を受け入れ、同時に、可能性を追求する自分の強さにも焦点を当てるということ。これが本当の意味での、ありのままの自分を受け入れることです。

そして、自分の考え方に疑問符をつけるという、健全な考え方なのです。

なぜ、好きなことを見つけたいのか？

あなたが抱えている「本当の不安」

僕がこの本で書いてきたことは、

「自分の好きなことを、正直に認めること。

そして、好きなことを仕事にするため一歩踏み出し、それを続けること」

たったそれだけのことです。文字にすると、たったの60文字弱。たったそれだけのことを、ここまで180ページ近くかけて、お伝えしてきたのです。

でも、それだけ手間暇かけて、お伝えする必要があったのです。

自分の好きなことを正直に好きと認めるのは怖いものです。ましてや、そんな怖いことを仕事にするなんて、怖くて怖くてたまりません。

でも、いったい、なにがそんなに怖いのでしょうか。

それは、「会社をやめて、好きなことを仕事にしたい。でも食べていけなかったらどうしようって、すごく不安になってしまいます。そして結局、何もできなくなってしまいます」こんな気持ちではないでしょうか。

カウンセリングを受けられるほぼすべての方がこういいますし、なにより僕自身、カウンセラーになろうと決心するとき、

「食べていけなかったらどうしよう」

「自分には能力がないかもしれない」

と不安でしかたありませんでした。ですから、この気持ちはよくわかります。

実際、好きなことを仕事にするには就職先が少なかったり、最初のうちは収入が少なかったりすることが多いです。ですから「食べていけなかったらどうしよう」と不安になるのは当然のことかもしれません。

でも、今の日本の社会では、文字通り食べていくだけなら、フリーターでも食べていくことはできます。ここでいう「食べていけなくなる」というのは、飢え死にをす

るという意味ではなく、「人並み」の生活ができなくなることです。

どんな人でも、今の生活レベルを保ちたい、「人並み」の生活をしたいと思います。好きなことに挑戦したい人が本当に不安に思っていることは、「人並みからはずれてしまうのではないか」という不安なのです。

あなたの本当の幸せとは？

幸せのかたちは、人それぞれです。それは「お金」や「人並み」など、ひと言でいえるような、安易なものではありません。

しかし、僕たちは「人並み」であること、とくに経済的に人並みであることを、幸せの条件であると思い込んで生きている場合がほとんどです。

中流意識の強い僕たちは、「人並みの生活からはずれてはいけない」、「人並みの人生を歩まねばならない」という思いにとらわれています。

僕たちはテレビなどで発展途上国の人たちを見て、

「貧しくても自然の中で生きるほうが、豊かなことかもしれないね」
などといっていても、自分自身がほんの少し「人並み」の経済状況からはずれることが怖くて怖くてしかたがないのです。

「人並み」とはなんでしょうか?
「人並み」は、本当に幸せなことなのでしょうか?

「人並み」の生活をするために、朝早くから夜遅くまで、おもしろくもない仕事を嫌々こなし、一杯飲んで仕事のグチをいって寝る毎日の繰り返し。
そんな「人並み」の生活に、「人間らしい幸せ」はあるのでしょうか? そこに人間らしい幸せがないと思ったから、あなたは好きなことを見つけたいと思ったのではないですか?

人並みに生活することだけを考えれば、夢を追いかけるのは馬鹿げたことかもしれません。でも、先にも述べましたが、今は「物質的幸せ」から「精神的幸せ」への変わり目です。

もちろん、お金があるのはとても便利で、豊かなことだと思います。誰だって、お金がないより、お金があるほうがいい。僕もお金は欲しいですから。

でも同時に、僕たちは「お金だけでは幸せにはなれない」ということをイヤというほど学んできています。「いい大学を出て、いい会社に入ること」だけでは幸せになれないと誰よりも知っている世代です。

自分にとって、なにが幸せか？　それは世間一般の価値観ではなく、自分自身で見つけるしかありません。幸せのかたちに「正解」なんてないのです。

そうやって自分の価値観をしっかりとつくりあげていくことが、自分らしく生きるということです。

「人並み」にとらわれ、世間一般の価値観に振り回されて、自分らしく生きることができない人に、精神的幸せや心の豊かな働き方など、あるはずがありません。好きなことなど見つかるはずがないのです。

ドキドキしながら一歩だけ踏み出そう

好きなことを仕事にしたからといって、ずっと「人並み」以下なわけではありません。一つのことをあきらめずにやり続ければ、いつか必ず才能の芽は花開きます。あなたにできることは、そう信じて前に進んでいくことです。

人並みからはずれることは不安です。

でも、感情は心のセンサー。不安というかたちで、「焦らず、少しずつやればいい」と、あなたの心が教えてくれているのです。

「不安なんていってないで行動あるのみ！　やるときはやる！　人生どこまでも突っ走らなきゃダメなのよ！」

なんて、肩に力を入れる必要はありません。初めてのことをやるときは、焦らずゆっくりやればいい。

不安なままでいいのです。

初めて恋を告白したときのように、不安なまま、ドキドキしたまま、緊張して頭が真っ白になったままでいいのです。ゆっくりと、そっと、震える足を踏み出してください。

「抵抗」に気づかれないように、

「週一回だけ習いごとを始める」

「1日1枚でいいから、写真を撮ってみる」

「1日1ページ本を読む」

それだけでもいいのです。

たったそれだけの小さなことでも続けることさえできれば、いつしか大きなことができる力が備わることを、あなたはもう十分知っているはずです。

最後に、あなたにもう一度だけ伺います。

「もし今晩、枕元に神様が現われて、あなたがどんな仕事に就いたとしても、必ず成功すると約束してくれたとしたら、あなたはどんな仕事を選びますか？」

その仕事に挑戦しないまま、あなたの人生が終わってしまったら、後悔するのではないでしょうか。

おわりに

この本は、僕の処女作、『いまの仕事で本当に幸せになれますか』に大幅な加筆と修正を加えたものです。

元の原稿を読み返して「文章が若いな〜」と恥ずかしくなったのですが、当時と一貫して変わらない考え方があります。

それは、「人生の大半は仕事に費やすもの。つまり、働くことは人生そのものである」ということです。

「仕事にやりがいを感じない」という悩みは、まるで若者の甘い考えのようにいわれることがあります。

しかし、やりがいを感じない仕事に、生きている時間の大半をかけるとするならば、相当の苦痛です。

僕の所に相談に来られるほとんどの方は、

「どんな仕事をしても苦労があり、大変だなんてことは、十分にわかっている。でも、やりがいを感じない仕事で苦労を続けるより、せめて自分がやりがいを感じる仕事で、苦労をしていきたい。だから、やりたいことを見つけたい」

そんなふうにおっしゃいます。


その考え方は、とてもまっとうなことだと思います。

なぜなら、「何のやりがいも感じない仕事を、苦痛を感じながら、ただただ何十年も我慢して続けていく」それが当たり前だといわれたら、生きていくことに希望を持てないからです。


生きていくことに希望を失ったとき、人は心を病みはじめます。

ですから今、働く人の心の病が増えているのでしょう。


好きなことを仕事にするにはリスクがあり、たくさんの困難も乗り越えなければなりません。それも事実ですし、目を背けてはいけないことだと思います。
「やりたいことさえ見つけたら、後はバラ色の人生が待っている」
なんてことは、僕にはいえません。

それでも、生きて働いているかぎり、やりがいのある仕事をしたいと思うのは、当然のことです。

加えて、長い人生、一度も夢を追いかけず、「どうせ無理でしょ……」としらけた態度で過ごしてしまうと、年を重ねた時にかけがえのない思い出が少ない、とても寂しい人生になってしまいます。

ですから、青臭く感じるかもしれませんが、やはり夢を忘れてはいけません。
働くことに希望を失ってはいけないのです。

成功しようが失敗しようが、自分が本当に正しいと信じることを、納得がいくまでやりきってみて下さい。そうして生きていると、結果的にどのような人生になったとしても、後々人生を振り返った時に、胸を熱くする宝物のような思い出が、たくさん手に入っているはずです。

それは他人になんといわれようと、必ずよい人生だったといえるはずです。

本書があなたにとって、少しでも生きることや働くことの希望に繋がれば幸いです。

最後に、締め切りに追われていっぱいいっぱいになっている僕のために、温かいコーヒーを淹れてくれた奥さん。コーヒーの温かさが、きっとこの本の優しさになっているはずです。ありがとう。

中越裕史

中越裕史　なかごし・ひろし

日本メンタルヘルス協会公認心理カウンセラー
社団法人日本産業カウンセラー協会認定　産業カウンセラー
1979年生まれ、大阪市在住。
派遣社員をしながら猛勉強の末、カウンセラーの資格を取る。自分自身が就職活動中や会社員時代にやりたいことがわからず苦労し続けたため、心理学をやりたいこと探しに応用し、やりたいこと探し専門のカウンセラーとして独立。サイト、ブログなどのコラムは、やりたいことを見つけたい人に人気を博している。メールマガジン読者約1万人。著書に『「天職」がわかる心理学』『「やる気」が出る心理学』(共にPHP研究所)、『絵本を読むと「天職」が見つかる』(廣済堂出版)など多数。

「やりたいことさがし専門の心理カウンセラー」って?

僕は心理カウンセラーをしています。この本を読んでくれている読者さんの中には、「なぜ心理カウンセラーが、やりたいこと探しの本を?」と思う方もおられるかもしれません。でも、この本の中で説明してきたように、やりたいことを見つけるには、自分の心を深く知る必要があります。そして、そのためには心理カウンセリングはとても役に立ちます。カウンセリングは、心の病の人のためだけのものではありません。

この本を読んで少しでも共感していただけたなら、きっと僕のカウンセリングやサイトのコラムも役立つと思います。サイトには「5日間無料メール」や「毎週のやりたいこと探しコラム」、「メールマガジン」など、やりたいこと探し専門のサイトになっています。また、実際のカウンセリングの事例もたくさんありますので、ぜひ気軽に覗いてみてくださいね。

- 天職探し心理学　ハッピーキャリア
http://happy-career.com/
- 折れた心を再生する心理学　モチベーションセラピー
http://motivation-sinri.com/

「やりがい」のない仕事はやめていい。

2016年 2月 12日　初版発行

著　者　　中越 裕史

発行者　　野村 直克
ブックデザイン　　小口 翔平＋喜來 詩織（tobufune）
DTP　　横内 俊彦
発行所　　総合法令出版株式会社
〒103-0001
東京都中央区日本橋小伝馬町15-18
ユニゾ小伝馬町ビル9階
電話　03-5623-5121（代）

印刷・製本　　中央精版印刷株式会社
 ISBN978-4-86280-486-0
落丁・乱丁本はお取替えいたします。
総合法令出版ホームページ　http://www.horei.com/

本書は2008年9月にこう書房より刊行された『いまの仕事で本当に幸せになれますか』に加筆修正をしたものです。

好評既刊

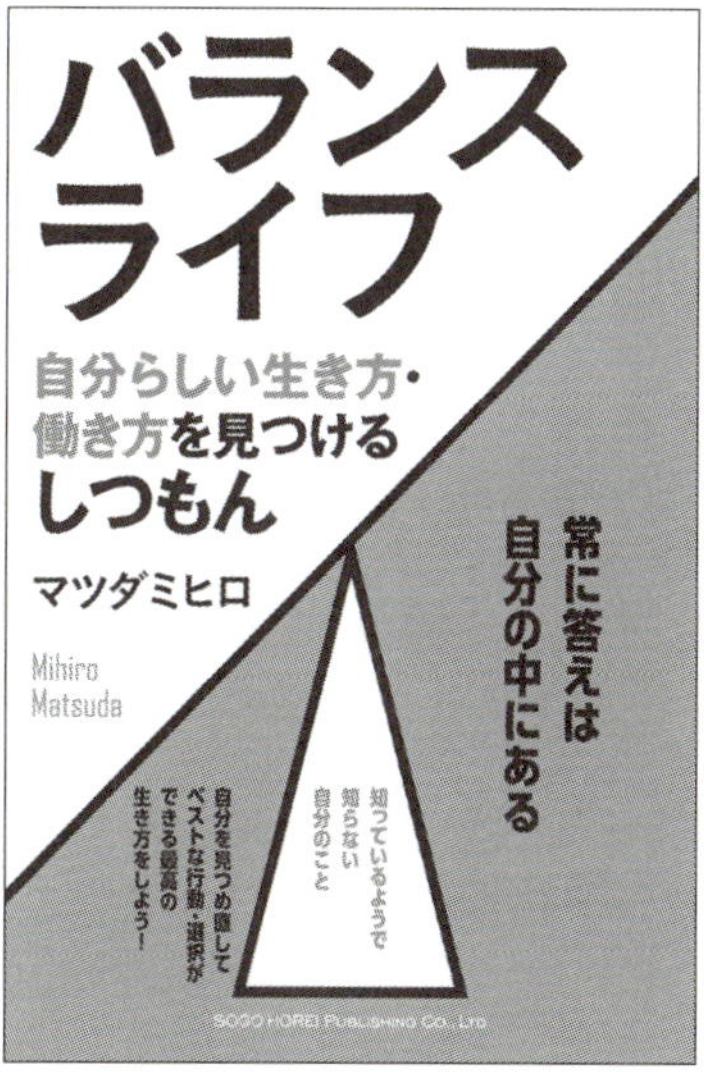

バランスライフ
自分らしい生き方・働き方を見つけるしつもん

マツダミヒロ 著 | 定価 1,300 円＋税

自分にベストなバランスポジションが見つかれば毎日がもっと楽しくうまくいく！

本書では、自分らしい生き方（バランスライフ）の大切さを語るとともに、「しつもん」を用いて、自分が何を重要と考えているか、どんなことをしたいと考えているかを知ることができる“自分軸のみつけ方”を解説します。

自分の軸がわかると、ブレない選択ができるとともに、日々感じる不安や悩み、問題も解決することができるのです。